Fonctionnaire Story
L'histoire extraordinaire d'un fonctionnaire ordinaire

Maxime Jean-Noël

maximejeannoel@gmail.com

Couverture : Martin Lebrun
http://martinlebrun.blogspot.com/

Édition : Books on Demand, 12/14 rond-point des Champs Elysées, 75008 Paris, France.
Imprimé par Books on Demand GmbH, Norderstedt, Allemagne
ISBN : 978-2-8106-1378-6
Dépôt légal : mars 2011

Remerciements :

Un grand merci à tous mes anciens collègues de l'Institut qui m'ont tant inspiré au cours de ces six délicieuses années passées dans l'administration de notre fière patrie...

LUNDI : TOUS LES CHEMINS MENENT A ROME

Neuf heures quarante. J'arrive au boulot de bonne heure aujourd'hui. C'est ce qui s'appelle tomber du lit.
Dans le couloir, je croise Jocelyne, la petite secrétaire anorexique aux dents de rongeur. Fichtre, elle fait peur : on dirait une musaraigne géante sous Prozac. Il me semble déceler un vague sourire sur son museau grisâtre. Pitié, ne me dites pas qu'elle me fait du gringue ? Alors que des images insoutenables me viennent à l'esprit, je passe mon chemin sans demander mon reste.
Je veux me prendre un café mais je remarque que le gros Pascal du contrôle de gestion est devant la machine en train de siroter le sien. Il va encore me bassiner pendant une demi-heure avec ses moutards qu'il a emmenés le week-end dernier à Eurodisney. Je ne suis pas d'humeur à supporter ça : je taille la route direction mon bureau.
Une fois dans mon placard, je consulte mon agenda. Réunion à 10h30, je l'avais oubliée celle-là ! Pire encore, le coup de poignard dans le dos : une deuxième réunion à 14 heures, pile à l'heure de la sieste, les scélérats...
La réunion de 10h30 porte sur l'actualisation des normes internes de mise en forme des notes de service sur le nouveau papier à entête de notre Institut public. Génial...
Sans transition, je passe à ma revue de presse matinale : une petite demi-heure de surf internet pour me tenir au courant des news puis je dérive peu à peu et finis par regarder une vidéo intitulée « Le top 10 des concours de t-shirts mouillés ».
Bon, rien de vraiment neuf sous le soleil...
Tiens et si je travaillais un peu avant ma réunion ? Allez, courage Basile...
Consciencieusement, j'ouvre le document sur lequel je travaille depuis deux mois et demi. Il est intitulé *Tableau de bord de suivi de l'affectation des ressources de type G5603 aux collectivités inter-urbaines*. Il s'agit d'un tableau à double entrée de 128 cases (huit par seize au cas où tu te poserais la question). Jusqu'à

maintenant j'ai rempli trois cases, ce qui fait qu'il m'en reste 125 : une paille... A ce rythme là dans une dizaine d'années le boulot devrait être plié. Mais qui lira cette croute de toute façon ? Sûrement pas le boss en tout cas : il ne se souvient même plus qu'il m'a demandé ce travail...

Deux minutes plus tard, je referme mon beau tableau sans avoir tapé le moindre caractère (j'ai juste un peu modifié la mise en page en faisant des marges un peu plus grandes car les cases n'étaient pas assez espacées et j'ai grisé le fond de la première ligne et de la première colonne pour différencier les inputs des outputs. Astucieux, n'est-ce pas ?).

Vite fait, je jette un œil sur mes mails pro :

Mail N#1. Les syndicats gueulent sur la pénibilité au travail.

Mail N#2. Dégustation gratuite de produits du terroir lundi prochain en salle T-1000. Je prends note sur mon agenda.

Mail N#3. Augmentez dramatiquement la taille de votre P3N1S avec les nouvelles pilules Dong-X-Plode.

Mail N#4. Les syndicats gueulent sur le choix du fournisseur de la galette des rois de cette année. C'est une fois de plus la pâtisserie du beauf de l'Administrateur Général qui a été sélectionnée, en violation flagrante de la procédure normale d'attribution des marchés publics.

Mail N#5. Compte-rendu du conseil d'administration de l'Institut : *Concernant la réallocation géographique des actifs de l'Institut, la décision a été prise de repousser la mise en route du programme tout en continuant la réflexion sur cette thématique via la constitution d'une commission ad hoc chargée d'établir un plan d'action en trois temps (...)*
Sur le chantier de la remise à plat du système de comptabilité interne, le conseil d'administration a choisi

de différer le lancement de la phase opérationnelle du projet et de prolonger l'étude de faisabilité en mettant en place un groupe de travail chargé de faire des propositions concrètes (...)
Concernant le planning de fusion entre le service de comptabilité interne et le bureau de refacturation B15, la résolution a été prise de surseoir à l'implémentation effective de l'unification et de mandater un comité mixte paritaire chargé de se prononcer sur le bien-fondé de (Blablabla)...

Mail N#6. Une photo envoyée par mon pote Robert Narlamat, de la sous-direction des études statistiques inter-départementales. L'image en question est accompagnée d'un bref commentaire : « vise un peu le chef d'œuvre ». Il s'agit du cliché d'un gigantesque tas de matières fécales trônant au fond de la cuvette des gogues. Je reconnais les toilettes : ce sont celles de l'Institut. Depuis presque un an, Robert essaie de me convaincre de me joindre à lui et à sa fière équipe dans le « grand concours d'étrons » qu'ils organisent clandestinement au sein l'Institut. Lorsqu'ils vont se vider les intestins, ils prennent des photos de leur bousin et à la fin de chaque mois ils votent pour élire le plus beau coprolithe. Pour fêter ça ils se font un restau et le vainqueur festoie au frais de ses dauphins. Subtil, non ?
Merci Roro mais je ne me sens pas encore prêt psychologiquement à rejoindre le côté obscur... Une autre fois peut-être, lorsque mon amour propre sera tombé encore plus bas, perçant mes chaussettes pour s'enfoncer définitivement dans les profondeurs infernales...

Mail N#7. Invitation à un colloque. Sujet : « les politiques publiques d'investissement local en matière d'infrastructures innovantes dans un cadre mondialisé ». Lieu : Sénat. Participation : 150 euros. Buffet inclus.

Génial : buffet inclus ! On mange toujours bien au Sénat. Inutile de dire que c'est pas le traiteur de Monop qui s'y colle. Et qui dit buffet dit pillage en règle ! Attila et les Huns ? De simples amateurs... J'envoie un mail à Françoise, la secrétaire de notre service, pour qu'elle m'inscrive. 150 euros ça fait cher le gueuleton tu me diras, mais comme c'est toi le contribuable qui paye la douloureuse du repas de Bibi, tout de suite on pense moins au prix. Dans la fonction publique, nous avons pour credo de ne pas être radins avec l'argent des autres.

Il est temps de partir en réunion. C'est en salle BF1942. Hum, c'est où ça ? Pourquoi faut-il tout le temps qu'on se paume dans cette chierie de bâtiment B ? C'est un vrai labyrinthe... Pas possible : l'architecte devait avoir gobé des champis hallucinogènes quand il a dessiné les plans...
Je croise Diane Mirolin, appartient au tentaculaire service des ressources humaines. Diane est sympa malgré son physique à la Hillary Clinton et ses gros yeux tellement exorbités qu'on se demande ce qu'ils attendent pour se faire la malle. Elle me salue de sa voix de charretière :
- Rhôôô, salut Basile, comment ça va aujourd'hui ?
- Hey Diane, ça va très bien, je te remercie. Je croule sous le boulot mais on fait aller...
Permets-moi d'ouvrir une parenthèse et de te présenter la règle numéro un de l'Institut : toujours prétendre qu'on a trop de travail. C'est comme ça : même si en réalité la charge réelle de tout agent de l'Institut est comprise entre inexistante et faible (pour les cas extrêmes), chacun est tenu de dire qu'il se noie littéralement dans le taf. Transgresser cette règle serait comme si un premier communiant arrivait devant le prêtre et lui disait que sa mère suce des Royal Cône en enfer.
Diane me répond d'une voix pleurnicharde :
- M'en parle pas : je suis complètement charrette moi aussi...
- Au fait, tu sais où est la salle BF1942 ?

- Heu...

Lorsque je parviens enfin à trouver la salle il est 10h45. La réunion est commencée et Bérengère Bougloux (que j'ai surnommée Gélatine, tu vas comprendre pourquoi), sous-directrice du service communication interne, est en train de présenter les consignes de mise en forme des notes de service sur le nouveau papier à entête devant un parterre d'une vingtaine de cadres aussi dynamiques que la momie de Lénine.
L'apparence de Bérengère est à peu près aussi glamour que le thème de la réunion : du haut de ses trente-cinq ans, cette sémillante célibataire affiche au compteur environ quarante kilos de trop, dont trente sous la ceinture. Elle porte un pantalon moulant beige qui la saucissonne tellement que ses membres inférieurs ressemblent plus à des paupiettes de veau géantes qu'à des jambes. Sous son chemisier vert pomme, on devine une paire de seins en gants de toilette plus flasques que les cuisses de Christine Boutin après une heure de hammam. Enfin, monté sur un cou inexistant, un visage porcin vient conclure cet être improbable. Avec une telle allure, on ne serait pas surpris d'apprendre qu'elle est le fruit de l'union entre un *redneck* de l'Alabama et l'une des bêtes de son étable.
Je m'installe au dernier rang. On me tend la feuille de présence sur laquelle je griffonne ma signature.
Un coup d'œil à ma montre. 10h50. Encore quarante minutes de ce supplice... Nul doute que si le purgatoire existe il doit ressembler à cette salle de réunion. Et l'autre abruti avec sa grosse tête de batracien qui pose des questions sur la taille de la marge à employer sur le papier entête... Mais tu veux pas la boucler ?! Faut que je me casse dare-dare sinon je ne me donne pas cinq minutes avant de fondre une durite.
Mais qu'ai-je donc fait pour mériter un taf pareil ? J'ai dû faire une énorme boulette dans une vie antérieure. Je dois être la réincarnation de Goebbels, de Landru ou d'un avocat, je ne vois pas d'autre explication.
Allez hop : éjectos. Je m'excuse, faut vraiment que j'y aille, j'ai un conf-call avec la sous-direction régionale de

la mission de renouvellement des standards de l'inter-urbanisme des villes nouvelles. Oui c'est ça, à plus.
Ouf, me voila libre ! J'ai l'impression d'être le héros d'une version cheapos du Comte de Montecristo, c'est vraiment grotesque...

Sur le chemin de mon bureau, j'en profite pour repasser devant la machine à café. Le gros Pascal est en train de gaver un stagiaire à propos de son fils de huit ans, qui prend des cours de guitare. A l'entendre ce sera ni plus ni moins que le prochain Jimmy Hendrix... Je fais le gars pressé qui n'a pas le temps de se joindre à eux. Le stagiaire, un grand dadais désarticulé, est à l'agonie. Il se demande comment s'extraire de cette conversation. Je pense que s'il avait un bidon d'essence et une allumette, il s'immolerait sans l'ombre d'une hésitation.
Je sirote mon café un peu plus loin devant une fenêtre qui me permet d'admirer la grisaille et la pollution du ciel parisien. C'est triste à pleurer...
Je suis tiré de ma maussade introspection par un violent choc au postérieur qui me fait sursauter et renverser la moitié de mon breuvage. C'est Robert – celui-là même qui organise le concours de déjections humaines– qui me salue en me collant sa traditionnelle main au panier, sa marque de fabrique. Ce gros bourrin de Robert est mon seul ami au sein de l'Institut. Derrière son imposante carcasse d'ours se cache un cœur gros comme ça.
- Salut ma couille, tout va comme tu veux ? Me demande le monstre, que la nature a gratifié d'un physique à la Carlos, en plus costaud mais sans la barbe, ni le costume de gros lapin d'ailleurs.
- Salut gras triple, t'as vu ce que t'as fait ? A cause de toi j'ai plus qu'à me racheter un expresso...
- Oh, fais pas ta boudeuse... Alors, tu veux toujours pas participer à notre grand jeu interbouses ?
- Non merci, ça ira. Et de toute façon vu tes moussakas, j'aurais aucune chance.
- Merci pour le compliment, vieux, ça me va droit au cœur.
- Pas de quoi, gros.

- Sinon, quand est-ce qu'on se fait une bouffe ?
- Quand tu veux...
- Alors on dit demain. Aujourd'hui je peux pas j'ai une sieste crapuleuse avec une fille que j'ai rencontrée l'autre jour chez Leroy Merlin. Elle est plutôt masculine et je soupçonne que ce soit un trav' mais comme je suis joueur je tente le coup.
- Amuse-toi bien, gros dégueulasse.
- Merci. Au fait, tu sais quelle est la différence entre un professeur et un tampax ?
- Non ?
- Aucune : ils sortent tous les deux du corps en saignant.

Deux minutes plus tard, après avoir pris congé de l'artiste, je passe devant le secrétariat. Françoise se précipite sur moi tel un évêque priapique sur un enfant de chœur à la bouille de séraphin.
Me montrant deux binoclards saboulés costard-cravate qui attendent dans un coin de la pièce, elle me lance d'un air triomphant : « Basile, c'est ton rendez-vous. Le chef vous attend tous les trois dans son bureau... »
Mais... De quel rendez-vous parle-t-elle ? Et qui c'est ces deux tocards ? Vu leur dégaine ça sent le technico-commercial à plein nez, ils vont essayer de nous vendre leur came, sans doute une plate-forme informatique pourrave dont on se tamponne l'œil de bronze. Mais quel est le myopathe qui a validé ce rendez-vous ? Le boss ? Non, on peut lui reprocher pas mal de choses mais il a le nez creux pour flairer les affaires qui sentent la daube de sanglier avariée.
Ca peut venir du responsable d'un autre service qui a jugé bon de se délester de ces deux ringards sur notre dos... Ca ne m'étonnerait pas que ce soit un coup de Jean-Bernard, le scélérat du proto-bureau d'affectation tangentielle des ressources croisées. Ce méprisable individu –qui ressemble à la fusion contre-nature entre Guy Carlier et Raymond Domenech (Essaie de te représenter la chose, je parie que tu n'y arriveras pas. Etonnant, non ?) – déteste le boss depuis que ce dernier a été nommé au poste qu'il convoitait. Du coup, dès

qu'il s'agit de nous coller des bâtons dans les roues, la raclure de bidet ne se prive pas. Mais non, le rendez-vous ne peut pas être un de ses coups tordus : ce serait trop facile de remonter la piste jusqu'à lui et le misérable est trop veule pour agir à visage découvert...
Alors qui ? Aucune importance, mon expérience m'a appris à accepter la règle numéro deux de l'Institut : quand un phénomène inexpliqué se produit, il est le fait des forces occultes de l'Administration et chercher à en percer la raison serait comme lorsque les *Ghostbusters* croisent les rayons de leur proton pack : ce serait *mal*...
Donc passons : le rendez-vous est là, c'est un fait, et maintenant il va falloir se le fader... Et là-dessus je ne me fais guère de souci : l'entrevue avec le boss va tourner au supplice pour nos visiteurs...

Nous entrons dans le bureau. Le chef quitte des yeux le journal qu'il lisait et pose son regard de fouine sur les deux zozos. Il est de taille modeste, le boss, la petite soixantaine, et son embonpoint est là pour témoigner de l'amour immodéré qu'il porte à la bonne chère. Je l'ai surnommé Palpatine en raison de sa ressemblance troublante avec l'empereur de *Star Wars*. En revanche il a l'air beaucoup moins méchant que ce dernier car il ressemble aussi pas mal à Jean-Pierre Coffe (oui je sais : tout de suite ça impressionne moins...). D'ailleurs il a la même voix que lui. Du coup généralement quand on le rencontre pour la première fois, il faut avoir des nerfs d'acier pour ne pas être terrassé par une crise de fou-rire.
Je me délecte d'avance de la réaction de nos deux VRP. C'est parti :
- Bonjour, un petit chocolat ? Lance Palpatine d'une voix Jean-Pierre-Coffesque.
Aille, ils restent de marbre, pas même un frémissement... Je vois qu'on a à faire à des marrants, on ne va pas avoir la partie facile...
Ils déclinent poliment le Rocher Suchard du boss (grave erreur : violation flagrante de l'étiquette palpatinesque que de refuser ses friandises de bienvenue...) et se

présentent : Kevin Quincampoix et Jean-Eudes Courge, de la société Metachibrok Partners.
Ils commencent à nous déballer leur charabia. J'avais vu juste : ils veulent nous refourguer une « solution de gestion complète clé en main adaptée aux besoins de votre service administratif ».
Pendant ce temps, le boss gobe les chocolats avec la régularité d'un métronome et pousse à chaque bouchée un roucoulement de délectation. Cela ne semble pas perturber les frères Karamazov qui continuent de débagouler leur mantra imbitable.
Comment va-t-on faire pour se démorpionner de ces deux-là ? Ils ont l'air coriaces !
Comme le chef ne moufte pas, je suis bien obligé de faire la conversation aux deux margoulins en faisant vaguement semblant de m'intéresser au sujet.
Mais... Boss... Ho c'est pas bon ça, il pique du nez... Mayday mayday... Houston, on a un problème ! Boss, me faites pas ça, pitié, me laissez pas seul... Et paf : en moins de temps qu'il n'en faut pour gober un chocolat, Palpatine a rejoint les bras de Morphée.
Dans un premier temps, les deux perroquets continuent de débiner leur baragouin puis au bout d'une minute un silence tendu s'installe. Des regards inquiets s'entrecroisent, des sourires crispés s'échangent... Pour la première fois, les deux compères semblent déstabilisés. Quant à moi je suis sur le point de rompre un câble face à ce binôme de glandus. Je me donne une minute trente avant de craquer le calfouette.
Seul Palpatine est serein comme le Bouddha et dort du sommeil du juste en émettant un ronflement régulier.
Ouf, on frappe à la porte ! Sauvé ! Le patron ouvre un œil, puis un autre et pousse un gémissement à fendre l'âme. Nos visiteurs semblent presque soulagés par cette interruption providentielle. Ils doivent se dire que cette visite impromptue va réveiller leur hôte et remettre la réunion sur de bons rails...
La porte s'ouvre lentement... Très lentement... Tellement lentement qu'on se croirait dans un film d'épouvante des années vingt avec Boris Karloff... Les deux charlatans retiennent leur souffle... Dans leur

regard, l'éphémère soulagement a laissé sa place à la peur... La porte se referme et au même moment, un grognement monstrueux, complainte tourmentée à mi-chemin entre la colère et le désespoir, se fait entendre : « Niiiiiiiéééééé ! »
Un grand coup frappé contre la porte... Les deux forbans sont blêmes. Le sifflet coupé, ils nous dévisagent d'un air épouvanté. Les pauvres, on dirait deux chiots abandonnés dans les cuisines d'un obscur restaurant chinois. Un retentissant coup de boutoir frappé contre la porte fait sursauter tout le monde, sauf le boss qui observe la scène avec une zenitude digne de maître Miyagi dans Karaté Kid.
Soudain la porte s'ouvre violemment et part s'encastrer dans la commode en peuplier laqué de Palpatine, envoyant valdinguer sa collection de canards de bain en plastique.

Ho mon dieu, c'est Amédée, l'homoncule sociopathe du service informatique ! Mais qui lui a dit de rappliquer ? Un coup d'œil rapide en direction du boss me permet d'entrevoir la lueur méphistophélique qui étincelle dans son regard de djinn malfaisant. Et là, je comprends instantanément : il avait tout prévu. C'est lui et lui seul qui a demandé une intervention de notre Brad Pitt national. Il l'a certainement appelé alors que les deux mouches du coche patientaient au secrétariat. Je ne puis être qu'admiratif devant un tel raffinement dans le machiavélisme. Pour peu, j'en aurais presque les larmes aux yeux...
Mais laisse-moi te présenter Amédée.
Amédée fait partie du quota de travailleurs handicapés recrutés par l'Institut. Non pas les travailleurs handicapés lambdas dont on remarque à peine l'infirmité. Non. Amédée appartient à l'unité d'élite, ceux qui sèment la terreur et la destruction sur leur passage : l'escadron de la mort du service informatique. Précisons : le service informatique est composé de treize employés parmi lesquels figurent deux personnages éminemment redoutés : Georgina la femme à barbe et Amédée alias Chucky la poupée de sang (je l'ai baptisé

ainsi car il passe son temps à rouvrir ses croutes mal cicatrisées en les grattant jusqu'à l'épiderme à longueur de journée, après quoi il bouffe les squames qu'il parvient à récolter). Quand l'un d'entre eux rôde dans les parages il est fortement conseillé de débarrasser le plancher si tu ne veux pas voir s'abattre sur toi une version trash des dix plaies d'Egypte. Mais le chef est un véritable nécromancien de la fonction publique, il sait manipuler les forces obscures de l'Institut sans se brûler les ailes.

Amédée rentre dans la pièce sans un mot et claudique jusqu'à la table de réunion en trainant son pied bot. Mais... Cette odeur de fauve, c'est à peine croyable... Je n'avais jamais approché le gnome à moins de dix mètres et effectivement, ce qu'on dit de lui est vrai : il rouquemoute à faire faner les plantes vertes ! Sans regarder le boss (le gobelin est bien trop vil pour initier un contact visuel direct), il merdoie un bafouillage à peine compréhensible de sa voix de fausset :

- Naaahhh, mafé aplé problem d'imprimante, féchié kess zavé foutu ?

- Oui Amédée, ça va bien, je vous remercie. Vous pouvez jeter un œil s'il vous plait ?

Dans leur coin, les deux VRP viennent de prendre conscience du fumet musqué qui leur chatouille les narines. L'un des deux s'agite nerveusement sur sa chaise et se couvre le nez d'une main tremblante. Quand à son camarade, son teint verdâtre est là pour témoigner qu'il existe un risque non-négligeable pour qu'il pose une belle queue de renard mordoré sur le bureau du boss.

Amédée trafique l'ordinateur, puis l'imprimante, puis de nouveau l'ordinateur... A l'exception des borborygmes à donner la chair de poule qu'il expulse par intermittence, un silence d'église s'est abattu sur la salle. Justement, la voix du boss retentit comme celle de Dieu le Père :

- Mais continuez, je vous en prie...

Le moins incommodé des deux commerciaux reprend péniblement la parole :

- Heu, oui, comme je vous disais notre système de gestion Z.G.E.G. est basé sur une architecture

propriétaire densimétrique bridgée sur un noyau middleware de nouvelle génération Mystificator 3.1 multiplexé en straddle polydirectionnel M.E.U.P.O.R.G...
Et le voila qui recommence son speech à zéro. Il étale minutieusement son argumentaire en dépit de l'environnement olfactif pour le moins hostile. Chapeau, il a du mérite. A ses côtés son collègue est de plus en plus décomposé. Avec sa mine grisâtre il ferait un figurant plus que convenable dans un film comme *La nuit des morts-vivants*. Et moi qui suis pilepoil en face de lui... Je me décale un peu car ça m'ennuierait qu'il régurgite sur mes belles Weston toutes neuves.
- ...et c'est pourquoi nous pensons que votre service aurait tout à gagner à adopter notre système de gestion Z.G.E.G...
Le boss semble concentré, un peu à la manière d'un joueur d'échecs sur le point d'exécuter un enchainement de coups complexes, une combinaison ingénieuse fomentée depuis longtemps... Il finit par dire :
- Et bien... Cela semble intéressant. Amédée, vous connaissez ce système ?
Le lutin maléfique regarde ses pieds, se gratte le cou avec tant de vigueur qu'on jurerait qu'il veut se perforer l'œsophage, récolte une croute purulente qu'il se jette au coin de la glotte comme si c'était un M&M's, puis brusquement est secoué par un hoquet répugnant. Sans crier gare, il se tourne vers les deux commerciaux et éructe :
« Nié, connards costard-cravate... Salopes ! Vend'leur camelote d'merde dlogiciels espions... Pédés d'complotistes ! Lévouzenculé ailleurs bande de fiottes ! Hougnou ! Logiciel libre... Kça'd'vrai. Ubuntu ! Ougou ! Niééééé !!! J'airéparé t'rimprimante gros con, HAGNA HAGA ! Maaaiiiis, heuuu !! »
Il se tape sur la tête, se tient le cou comme pour s'étrangler, se bave dessus... Puis il boitille vers la sortie, manquant de peu de se prendre une gamelle sur l'aquarium du poisson-chat nain du boss. On l'entend s'éloigner dans le couloir de sa démarche de larve

amorphe. Ses gémissements inarticulés glaceraient le sang du plus endurci des tueurs à gage tchétchènes.
Les deux pauvres bougres sont à l'agonie. Le premier bataille dur pour ne pas se délester de son petit déjeuner. Quant à son collègue, il regarde en tous sens comme pour chercher la caméra cachée. Mais il n'y a pas de caméra, pas plus qu'il n'y a de Marcel Bellivaut caché dans le placard... Bienvenue dans le service public les gars !
Le boss jette un regard légèrement compassé à nos deux interlocuteurs avant de dire :
- Veuillez excuser Amédée mais malheureusement il souffre d'un syndrome Gilles de la Tourette doublé d'un décloisonnement centripète du Neocortex gauche confiné à la zone de Broca. Je vous épargne les détails techniques mais en substance cela le conduit à dire tout haut ce qu'il pense tout bas.
Là-dessus le commercial nauséeux se lève en articulant un vaseux « me sens pas très bien. Vé aller aux toilettes. »
Le voila sorti du bureau. Un de moins. Un éclair de jubilation fugace étincelle dans le regard du chef. Visiblement le survivant n'abdique toujours pas mais il semble proche du point de rupture. Il reprend d'une voix hésitante :
- Heu, excusez mon collègue, il a pris un petit déjeuner un peu lourd ce matin et ça lui donne des crampes d'estomac...
- Mais pas de souci, continuez donc, dit le chef.
- Et bien comme je vous disais l'implantation de notre système de gestion est certifiée iso 69001 et incorpore le système anti-extrusif P.I.P.O. qui peut se paramétrer en mode asynchrone para-pontifiant et...
- Ho suis-je bête, excusez-moi une petite seconde, l'interrompt le boss.
Il décroche son téléphone, tapote un numéro et dit d'une voix nonchalante :
- Oui Françoise, vous pouvez me rappeler Amédée ? Oui, comme il est dans les parages et que nous abordons certains aspects techniques, j'aimerais qu'il

puisse avoir une discussion *en face-à-face* avec notre convive. Merci.

A ce moment précis, lorsque le boss raccroche le combiné d'un geste extrêmement maitrisé, je vois une certaine forme de grandeur en lui. On dirait Kasparov poussant un pion et disant « Echec et mat. »

Et le résultat ne se fait pas attendre... Le commercial devient blême et dit d'une voix faiblarde :

- Hum, oui j'oubliais, nous avons un rendez-vous. Je crois que le mieux pour le moment c'est que je vous laisse notre brochure, comme cela vous pourrez étudier notre produit plus en détail avant de prendre votre décision. Bien... Merci de nous avoir accueillis, voici ma carte de visite, appelez-moi, je suis à votre service. Allez, il faut que je file. Au revoir ! Je vais retrouver le chemin de la sortie tout seul...

Et hop, le voila qui détale.

Je regarde le boss sans rien dire. A n'en point douter, mon regard trahit mon admiration. Pour se débarrasser des deux importuns, il aurait pu avoir recours à n'importe quel prétexte fumeux, inventer une réunion, invoquer un conf-call imaginaire, mais que nenni, c'eût été trop facile, trop cheap... Le chef est un esthète, un gentleman pour qui se débarrasser des sangsues ne suffit pas : il convient de s'en débarrasser *avec panache*. Il jette un œil attendri à son cactus angora du Yucatan, puis me regarde et dit :

- Je n'ai pas bien compris à quoi servait leur système... Je crois que de toute façon ce serait un coût inutile pour notre service. Vous savez Basile, on me reproche parfois mon côté vieille école mais ça fait trente-six ans que je suis dans l'Institut et trente-six ans que j'utilise mon propre système de gestion : des pochettes de couleur en carton bien rangées, bien classées. Et ça marche très bien ! Bon je vous laisse, j'ai une réunion-déjeuner chez Guy Savoy avec le chef de cabinet du ministre.

- Oui à plus tard chef.

Et je me retiens d'ajouter « et chapeau bas pour votre festival, vous avez éclairé ma journée. » Mais ce serait une faute de gout manifeste de ma part, une atteinte à la grâce de son morceau de bravoure... Si je le disais, il ferait semblant de ne pas comprendre, jouerait les vierges effarouchées... L'art véritable est celui qui se passe de commentaires, et cela le boss le sait mieux que quiconque. Quel talent, y a pas...

Je sors songeur, il va être l'heure de casser la croute. Direction le réfectoire ! Sur le chemin je contourne un immonde salmigondis rouge orangé qui émet une fragrance à faire abjurer un témoin de Jéhovah. Visiblement, notre vendeur ambulant n'a pas eu le temps d'arriver jusqu'aux toilettes... Heureusement, il en faut plus pour me couper l'appétit.
J'aperçois par la fenêtre le boss qui marche dans la cour intérieure en direction du parking. Tiens, il est accompagné. C'est étrange, je jurerais que c'est Bastien Laroquette qui marche à ses côtés. Bastien est un jeune diplômé en droit, une nouvelle recrue qui a pris ses fonctions dans notre service il y a à peine trois mois. Il m'a raconté crânement qu'il ne voulait pas s'éterniser dans l'Institut et qu'il comptait bien rejoindre notre ministère de tutelle dans les meilleurs délais. Le plus sérieusement du monde il m'a expliqué sa stratégie qui consiste à travailler d'arrache-pied pour être remarqué et recruté par les gros bonnets du ministère. Hilarant...
Aaah, l'enthousiasme de la jeunesse, on en reparlera quand tu auras dix ans d'Institut dans les cannes, mon petit bonhomme...
Comme vous vous en doutez, je ne peux pas piffrer ce petit péteux arrogant qui se prend pour la huitième merveille du monde. De toute façon au final il est assuré de se brûler les ailes : ses chances de rejoindre le ministère dans les trente prochaines années sont bien entendu égales au nombre de cheveux sur le crâne de Kojak puisqu'il n'est issu ni de l'ENA ni d'une autre grande école d'administration. Et comme chacun sait, celui qui ne fait pas partie de la Secte a autant de perspectives d'évolution dans la fonction publique qu'un accordéoniste dans le Black Metal.
En dépit de toute l'antipathie que j'éprouve pour lui, ça me troue le derche de le dire mais Bastien est

exactement comme moi à mes débuts au sein de l'Institut il y a de cela quelques années... Moi aussi je voulais casser la baraque, en mettre plein la vue à mes supérieurs pour franchir les échelons et accéder aux hautes sphères de l'appareil d'Etat. J'avais plein d'idées, je pondais des rapports super-fouillés, des notes de synthèse exemplaires, des tableaux où toutes les cases étaient remplies, ce genre de foutaises. Du coup, pendant longtemps, j'ai travaillé comme un dingue. Comme le disent les consultants dans leur jargon, je faisais preuve d'une implication exemplaire et d'un comportement proactif. Difficile à croire, non ? J'ai mis quelques années avant de me rendre compte que j'aurais pu tout aussi bien pisser dans un Stradivarius.
Enfin, tout ça me laisse perplexe quand-même : ce morveux d'à peine vingt-trois ans qui accompagne le boss à un rendez-vous avec le chef de cabinet du ministre. C'est pour le moins inattendu mais bon, inutile d'en tirer des conclusions hâtives : le plus probable c'est que le boss ne connait pas trop son dossier et que le mioche est juste là pour lui souffler les détails techniques.

A l'entrée de la cantoche, je tombe sur le groupe de commères du service des marchés publics. Bigre, je suis bon pour manger à leur table ! Et moi qui voulais becqueter tranquille, pas de bol : je vais devoir me coltiner leurs dinderies... Leur petit groupe est en pleine effervescence, ca glousse, ca geint, ça jacasse, on se croirait dans une volière en feu ! Mon flair de fin limier me susurre que ça sent le vieux potin de derrière les fagots. Bingo : l'une des pintades –une grande toute desséchée que j'ai surnommée Imhotep car on jurerait qu'elle n'a pas eu ses ragnoufs depuis plus de trente siècles– m'alpague et s'exclame :
- Et toi Basile, tu savais pour Muriel ?
- Hein, quoi, qui ça ?
- Muriel Claquechibre, des ressources humaines...
- Ha ! La gro... Heu, la dame un peu... Hum... Enrob... Heu... Forte... Non, qu'est ce qui lui arrive ?

Imhotep me regarde quelques secondes avec des yeux de morue crevée. Un rictus contrit apparait sur ses traits défleuris. Pendant une fraction seconde, je me figure avec une batte de baseball en train de lui décoller la tête. Juste une simple pulsion, comme ça, fais pas gaffe... Oh, inutile de monter sur tes grands chevaux : toi aussi tu aurais ce genre de réaction si tu la voyais, crois-moi...
Exagérant encore son air faussement affecté, la ribaude enchaine :
- Et bien... Elle a essayé de se pendre ce matin dans son bureau !
- Oh merd, heu... Zut...
- Dieu merci elle s'est ratée... Le dispositif qu'elle avait accroché n'a pas tenu.
- Ah, la corde a rompu sous le poids ?
- Non, c'est affreux, elle avait tout prévu : c'était un câble de dépannage de voiture. Mais elle l'avait attaché à une poutre métallique et grâce au Seigneur dans sa chute elle a emporté toute l'armature du plafond avec elle.
- Ha oui, effectivement... Quelle chance...
- Oui, elle est tirée d'affaire mais elle a été placée dans un établissement spécialisé...
Cette pauvre Muriel, elle me fait de la peine...
Muriel n'est pas à proprement parler un boudin. Non, son aspect la situe dans une zone esthétique située deux ou trois ordres de grandeur *en deçà* du boudin standard. Nul doute qu'elle pourrait s'acquitter honorablement d'un rôle de troll femelle dans *Le seigneur des anneaux*, et sans maquillage de surcroit. Pour te faire une idée, elle s'apparente à un mélange entre Guy Carlier (encore lui...) et un éléphant de mer. A dire vrai je me sentirais presque coupable de l'avoir surnommée « le sanglier de bataille » mais pas tant que ça finalement puisqu'il semblerait que c'est justement son quintal et demi qui lui a sauvé la vie.
Tiens, mais voila Jean-Pascal Gratoune, le syndicaliste le plus virulent de l'Institut, et accessoirement l'homme le plus antipathique de l'univers, manquait plus que

lui ! Pas de miracle : quand ça sent la merde, les coléoptères rappliquent...
Gratoune est un grand tout maigre aux traits émaciés et à la calvitie prononcée. Selon les jours, je trouve qu'il ressemble à un gardien de goulag sibérien ou à un moine pénitent tout droit sorti du *Nom de la rose*. Bref, un marrant.
A peine arrivé, le grand Torquemada fulmine : « Et voila ! Voila ce qui arrive quand on refuse de traiter convenablement le problème de la pénibilité du travail ! Qu'est ce qui leur faut pour agir ? Dix suicides ? Ca va péter s'ils continuent comme ça... Ca va péter moi j'vous l'dis ! Le niveau de pénibilité dans l'administration française est vraiment devenu intolérable ! S'ils ne s'attaquent pas sérieusement au problème, sans oublier le pouvoir d'achat, c'est une bombe à retardement qui va leur péter dans les mains ! »
Surtout ne pas entrer dans la conversation. Faire le gars distrait, perdu dans ses pensées... Trouver un prétexte pour se barrer...
Oups, suis-je bête j'avais totalement oublié mon confcall avec la sous-direction cantonale de remise aux normes des infrastructures transversales, je vous laisse. Oui c'est ça, à plus...

12h30 : Je suis de retour dans mon burlingue avec un gros casse-dalle jambon-crudités que je m'empiffre en un temps record.
12h36 : je ferme ma porte à clé, débranche mon téléphone et me lance une bonne partie de Warcraft 4 (John-Kevin, mon pote geek du service informatique, m'a aidé à hacker les paramètres de ma connexion internet pour pouvoir jouer en ligne depuis mon bureau).
12h47 : ça y est, j'ai pris une dérouillée à Warcraft. Mais pourquoi faut-il toujours que je me mette dans des parties avec des ptits jeunes, je le sais bien pourtant que je fais pas le poids... Hubris, quand tu nous tiens...
12h48 : je relance une partie sur un serveur réservé aux débutants. Attention les lopettes, voila papa Basile qui arrive et il n'est vraiment pas content...

13h55 : Ho putain, ma réunion de 14h, je l'avais oubliée !
La mort dans l'âme, je quitte ma partie et chope une pochette de documents au hasard, juste histoire de ne pas arriver là-bas juste avec ma bite et mon couteau. De toute façon toutes mes pochettes de documents portent la mention « divers ». Ben oui : lorsque j'étais une jeune recrue, j'avais un système de classement réglé comme du papier à musique avec des catégories, des dossiers, des sous-dossiers, bref un truc bien chiadé. Et puis au fil des années, je me suis rendu compte que tout document peut-être classé dans la catégorie « divers », ce qui simplifie grandement les choses. Allez, je me mets en route. Même pas eu le temps de regarder le thème de la réunion... Impro totale donc : parfait, c'est là que je suis le meilleur...

Bon, nous voila arrivés. Un écriteau sur la porte annonce que la réunion concerne le lancement du projet européen C.A.S.M.O.I.L.R.O.N.D. (Conglomérat Analytique Statistique pour le Méta-Ordonnancement Industriel et la Labellisation des Régimes Orphelins de la Nomenclature Delta). Super : les projets européens j'adore ça.
Comment ça, tu ne connais pas les projets européens ? C'est dommage parce que c'est toi qui les finances... Alors comment je t'explique ça simplement... Les projets européens sont des partenariats inter-pays entre plusieurs organismes publics ou privés, mais le plus souvent les deux à la fois (les génies qui nous gouvernent à Bruxelles s'imaginent qu'en faisant collaborer ensemble le secteur public et le secteur privé, on crée des « synergies », de la même façon qu'au moyen âge les alchimistes étaient persuadés qu'en mélangeant le soufre et le mercure ils obtiendraient la pierre philosophale). Ces organismes se mettent d'accord pour travailler sur un projet qui a pour but de produire des résultats innovants et utiles pour l'Europe. Voila pour la théorie... En pratique, dans la grande majorité des cas, les résultats de ces projets sont des daubes sans nom ou des usines à gaz inexploitables. Accessoirement à la

fin d'un projet, l'organisme responsable pond un rapport bidon pour justifier que les « travaux » du partenariat ont abouti à des résultats 'achement novateurs qui à n'en pas douter vont permettre à l'Europe de faire un grand bond en avant...
Forcément tout ceci a un coût (frais de déplacements des membres du partenariat pour des réunions aux quatre coins de l'Europe, dîners, cocktails, hôtels, sous-traitants...) et c'est donc la Commission Européenne (et par extension le contribuable européen, i.e. toi, pauvre cloche) qui paie la note.
Allons, allons, ne peste pas contre le gâchis d'argent public et regarde donc le bon côté des choses : grâce à tes pépettes on voyage aux frais de la princesse...

Mais où en étais-je ? Ha oui la réunion de lancement du projet...
Un groupe hétéroclite d'une quinzaine d'individus se trouve rassemblé autour d'une grande table. On dirait l'Auberge Espagnole en version bureaucrate avec un âge moyen de cinquante ans. Une improbable cohabitation des styles, des genres et des cultures. Spontanément, les mots de Lautréamont me viennent à l'esprit : « Beau comme la rencontre fortuite sur une table de dissection d'une machine à coudre et d'un parapluie ! »
Ca résume bien la situation... Par quel mécanisme saugrenu des êtres aussi différents peuvent-ils se trouver réunis autour d'une même table ? Pour la plupart je ne les ai jamais vus mais dès le premier coup d'œil j'identifie leur provenance (l'expérience, mon petit, l'expérience...).
L'Allemand, conforme aux clichés : propre sur lui, rasé de près, coupé court, sérieux et raide comme un passe-lacet... l'Italien avec sa dégaine à la Pacino, pompes flambant neuves et costard Armani impeccable... Son style contraste violemment avec celui de ses voisins : les sympathiques représentants des pays de l'est (j'ignore encore précisément leur provenance car je ne suis pas encore assez pointu pour distinguer un Hongrois d'un Bulgare). Avec leurs costumes à carreaux en imitation tweed tout droit sortis du dressing d'un dirigeant du

KGB dans les années 70, leurs cravates en laine et leurs épaisses moustaches de dockers, ils ont vraiment fière allure... A leurs côtés, une Finlandaise sculpturale (ou bien est-elle Suédoise ?) d'une trentaine d'années en petit tailleur bleu marine attire bon nombres de regards libidineux de cinquantenaires frustrés.

A part ça, on reconnait pêle-mêle l'Espagnol (il parle plus fort que les autres), l'Anglaise (son style terne à la Miss Marple et ses yeux de cocker à la Margaret Thatcher ne trompent personne) et le Néerlandais (il a de grosses lèvres charnues et il est plus grand que tout le monde de deux ou trois têtes).

L'animateur de la réunion n'est autre que Gilles-Edouard Cameltou, le vieux beau sur le retour qui dirige le service international de l'Institut.

Je prends place en face de la Finlandaise (angle de vue optimal sur sa plastique avantageuse) et peu après Gilles-Edouard prend la parole :

- Mes chers amis, c'est un plaisir de vous voir tous ici rassemblés pour ce projet qui vise notamment à proposer des solutions concrètes quant à l'harmonisation des normes communautaires en matière de dimensions des produits manufacturés concernés par la directive 36591-300b alinéa 3 relative aux frames intermédiaires de classe 5 en acier retro-extrudé qui ressortent bien sûr du régime législatif de la directive 104306-003 applicable aux unités du tableau de la Nomenclature Delta établie en marge du mini-sommet de Baden-Baden (blablabla ...). Jessica vous présentera les détails tout à l'heure mais auparavant, qui mieux qu'un européen convaincu pour introduire le projet ? Mesdames et messieurs, je laisse la parole à Sigismond Martifouette !

Le dénommé Sigismond se lève péniblement. Dans l'Institut, tout le monde le connait. Il appartient à une catégorie de fonctionnaires que j'appelle les fantômes...

Les fantômes sont des retraités de la fonction publique mais qui –pour de mystérieuses raisons– demandent à conserver un job bénévole au sein de l'Institut. Donc on leur trouve des occupations : on leur demande de mettre à profit leurs carnets d'adresses pour faire du

lobbying, des relations publiques, de participer à des conférences... Toutefois dans les faits leurs activités se résument principalement au squattage de dîners et de buffets organisés en marge des événements officiels.
Tu crois que le cas de Sigismond est une exception ? Que nenni, si tu savais le nombre de spectres qui hantent les coursives de l'administration française, tu serais étonné...
Parmi les fantômes, Sigismond fait figure de patriarche... Personne ne connait son âge mais il a pris sa retraite il y a plus de trois décennies, et on peut raisonnablement en déduire qu'il ne lui manque pas beaucoup pour atteindre le siècle d'existence.
Quoi qu'il en soit, il faut bien admettre que notre antiquité nationale ne porte pas si mal le poids des années : certes il tremblote un peu notre vieux truc... Il tangue, Il flageole et pousse quelques gémissements d'animal blessé mais dans l'ensemble pépé fait encore relativement bonne figure avec son sourire enjoué et ses yeux rieurs.
Aidé par Gilles-Edouard, notre géronte s'assied laborieusement et ce faisant il lâche un pet couinant qui s'éternise pendant de longues et embarrassantes secondes. Gilles-Edouard, solidaire de son vénérable collègue, tente maladroitement de couvrir le bruit par un raclement de gorge mais c'est peine perdue : personne dans la salle n'a pu passer à côté de ce dégazage sauvage. Effectivement, au vu des petits sourires nerveux que s'échangent nos amis Européens, cela semble râpé pour la discrétion... Un seul individu ne semble pas particulièrement perturbé par ce qui vient de se produire : Sigismond lui-même. Tout porte à croire qu'il ne s'est pas rendu compte de son forfait car le voila qui attaque son discours avec enthousiasme :
- Mes chers compagnons, bienvenue à vous tous en notre cher Institut. Votre présence ici même est la preuve que l'Europe se porte comme un charme. Bien sûr, certains esprits chagrins voudraient nous faire croire que cette merveilleuse idée de mon vieil ami Robert Schuman n'est qu'un empilement d'institutions

sans queue ni tête mais comme me l'a un jour confié Clémenceau...
Gilles-Edouard l'interrompt :
- Heu, Pardon Sigismond, vous parlez de Sébastien Clémenceau, du service de liaison technique transversale avec les collectivités territoriales ?
- Non, Georges Clémenceau, dit « le Tigre », Président du Conseil de 1917 à 1920. J'ai eu la chance de l'avoir comme mentor alors que je n'étais qu'un jeune premier.
- Ha... Oui... Mais continuez donc Sigismond, excusez-moi pour cette interruption.
- Mais il n'y a pas de mal, cher ami ! Et donc comme je disais, alors que je portais encore des culottes courtes, j'ai eu la chance de faire la connaissance de Clémenceau. Ce fut une belle rencontre : je me souviens que c'était un après-midi d'avril et que le vent soufflait fort sur les plaines de Vendée. J'étais affairé à pourchasser un teckel roux qui m'avait dérobé mon sandwich aux rillettes alors que je pêchais le brochet sur les bords de l'étang du pluvier argenté. Vous ai-je précisé que la pêche au brochet était mon grand dada ? J'en dirai deux mots un peu plus tard mais revenons à nos moutons si vous le voulez bien... Ainsi donc, dans l'ineffable course-poursuite que je livrai au toutou chapardeur pour récupérer mon déjeuner, je commis l'imprudence d'enjamber la clôture d'une propriété privée. Alors que j'étais sur le point de mettre la main sur le chouraveur canin, une voix forte et autoritaire me fit sursauter : un vieux monsieur moustachu venait d'apparaitre sur le perron de la maison. Il semblait furieux et m'adressait tout un chapelet de noms d'oiseau ! Les bras m'en tombèrent lorsque je constatai que ce n'était autre que Clémenceau. Après m'avoir vertement semoncé car j'avais –selon lui– marché sur ses jonquilles, il vint vers moi et me colla une retentissante taloche qui à ce jour résonne encore fortement dans mon crâne. Il faut préciser qu'à l'époque on ne badinait pas...
Je me perds dans mes pensées. Pourquoi suis-je ici en train d'écouter le radotage d'une vieillerie humaine au milieu de parfaits inconnus ? Quelle branquignolade...

Ma vie n'a-t-elle donc aucun sens ? Un cuisant sentiment d'inutilité s'empare de moi. Ce n'est pas la première fois...

Pour me détendre, je laisse mon regard vagabonder sur la silhouette de la délicieuse Finlandaise qui me fait face. Tout en elle est diaboliquement sexy... Sa position sur la chaise, légèrement cambrée, sa chevelure cuivrée coupée au carré dans laquelle elle passe ses doigts fuselés, ses petites lunettes sérieuses qui lui donnent un petit air de secrétaire coquine... Je l'imagine en train de se livrer à un strip-tease torride sur la table de réunion... Et moi qui voulais me détendre, force est de constater qu'une partie de moi est tout sauf détendue...

Pendant ce temps, le fossile continue de battre la breloque :

- ...M'expliqua comment plumer et préparer la bécasse à pattes brunes que j'avais tirée –non sans un certain talent je dois dire– au cours d'une mémorable partie de chasse organisée par le cousin du sous-préfet de Charente-Maritime dans le bois de la zibeline à moustache. Il m'enseigna tous les trucs et astuces pour cuisiner la fricassée de poule faisane à l'occitane, une de ces recettes mythiques de notre terroir –injustement tombée dans une certaine désuétude depuis la fin des années quarante– que je vous invite à gouter si vous en avez l'occasion... Mon cousin Raoul, malheureusement pulvérisé par les bombes des fritz sur une morne plage de Dunkerque en 1940, raffolait de ces plats rustiques que notre grand-mère Eugénie laissait mijoter pendant des journées entières dans la grande marmite en fonte que le gros Blaise, maréchal-ferrant de son état, avait offert comme cadeau de mariage à ma tante Léonore...

Gilles-Edouard, qui regarde fébrilement sa montre depuis une dizaine de minutes, finit par dire :

- Hum, merci Sigismond pour cette entrée en matière passionnante. Je m'excuse de vous interrompre mais le planning de la réunion est assez serré et je suis sûr que vous pourrez achever votre discours à l'issue de la présentation du projet.

- Ha, heu... Je laisse la place alors c'est ça ?

- Heu, oui, si vous le voulez bien...

Mon dieu, quelle sortie pathétique... J'ai vraiment de la peine pour ce petit vieux rachitique qui se lève maladroitement et part se rassoir piteusement au fond de la salle. Certes son discours était à se coller une bastos dans le caisson mais quand même... N'y a-t-il donc plus aucun respect pour les ancêtres à notre époque ?

Je compte sur ma bonne étoile pour qu'elle me garde d'atteindre cet âge avancé. Enfin c'est idiot ce que je raconte : si j'avais une bonne étoile je ne serais pas là où je suis en ce moment...

- Bien, dit Gilles Edouard, je vais maintenant procéder à une rapide rétrospective de la genèse du projet C.A.S.M.O.I.L.R.O.N.D. Comme vous le savez blablabliblablablou...

Je perds le fil dès ses premiers mots. Ca n'a pas d'importance étant donné que je me moque éperdument de ce qu'il raconte.

A 17h30 la réunion prend fin. La seule chose intéressante que j'ai retenue du projet c'est que j'ai été nommé par le boss pour y participer à sa place (il ne peut pas s'y impliquer car il est déjà sur quatre autres projets européens) et donc grande nouvelle : c'est moi qui voyagerai, et pas n'importe où : Rome, la Ville Eternelle... Et dire que je n'y suis jamais allé... Voila donc mon moral qui remonte en flèche.

Je pars annoncer la bonne nouvelle à Françoise mais bien sûr le secrétariat est vide. Suis-je bête, 17h30, ça fait belle lurette qu'ils sont déjà tous barrés...

Diantre, j'ai pas l'habitude de finir aussi tard. Allez hop on rentre à la maison.

Intermezzo 1 : Robert

Aaaaah, quel panard ineffable d'arriver au boulot avec son sachet de pains au chocolat à peine sortis du four du boulanger et d'allumer son ordinateur pour faire un tour d'horizon des dernières conneries qui circulent sur le net... Franchement je me demande comment on faisait dans la fonction publique pour endurer notre boulot avant qu'internet ne fasse une entrée fracassante dans nos bureaux au détour du millénaire... Pour ma part j'avais mes revues Penthouse et Hot Video planquées dans mes archives mais bon c'était quand-même beaucoup moins drôle... Allez, je me glisse dans le monde virtuel comme papa dans maman, et c'est parti pour les vidéos du jour...
La femme qui peut s'assoir sur un pack de quatre petits suisses sans les écraser... Impressionnant ! C'est Broadway là-dedans !?
La technique secrète de Francis l'agriculteur pour faciliter la ponte de ses poules...
Rhôôôô les pauvres petites poulettes !!
Monde animal : une femelle crapaud gonfle à son corps à l'extrême pour décourager le mâle de s'accoupler avec elle.
Nul. On a la même chose chez les humains. Ca s'appelle le mariage.
Mon petit poney d'amour...
Hohoho, au moins après ça, monsieur ne doit pas avoir besoin de dragées Fuca pour aller faire popo...

Tiens, à propos quand on parle du loup... Je sens que j'ai le cigare qui perce. Oui, aucun doute : j'ai une bonne grosse taupe sous stéroïdes qui fouille au trou. Allez zou, direction les gogues. Et là, étant donné ce que je ressens, c'est pas du format crotte de lapin qui se profile : on dirait plutôt une grosse torpille de 400 qui vient de s'armer dans le compartiment d'éjection. Je presse le pas parce que ça picote quand même : « docteur, docteur, vite, je perds les eaux, préparez les forceps ! »

Je me pose sur le trône bien peinard et m'attèle à libérer Mobutu, forgeant religieusement mon ouvrage, que je prends en photo avec mon portable. Puis j'envoie l'image à mon pote Charly, du service logistique (je mets quand même Basile en copie, au cas où il accepterait finalement de se joindre à nous).

Bien sûr, nous ne sommes qu'une poignée à faire partie de la cabale : il n'y a en tout et pour tout que six conspirateurs qui participent au jeu. Charly centralise les images et à la fin de chaque mois, nous procédons à l'élection de la plus belle œuvre excrémentielle. Celle dont je viens d'accoucher est une pure merveille. C'est un véritable Rodin colombinesque, un Brancusi d'outre-intestin. Et encore, dommage qu'on ne puisse prendre en compte l'aspect olfactif des créations car dans ce cas la mienne serait littéralement au pinacle des œuvres daubiques, étant donné le fumet dense et irrespirable qui en émane, et qui enchante mes narines de connaisseur.

Avec cette Joconde fécale, je vais à coup sûr détrôner le « boa constrictor » que le grand Farid de la compta a conçu la semaine dernière. Attristé, je m'extrais de ma contemplation et me résous la mort dans l'âme à expédier mon éphémère prodige dans l'égout... Imagine-toi si Michel-Ange, le jour où il termina son Jugement Dernier dans la chapelle Sixtine, avait été contraint d'assister impuissant au massacre de son œuvre par une bande de tagueurs du Blanc-Mesnil sous crack ou par Jackson Pollock. C'est un peu ce que je ressens au moment où je tire la chasse...

Allez, pour récupérer de ces émotions artistiques, je me prends une petite pause kawa. Tiens, justement, voila mon vieux pote Basile. Il a pas l'air au mieux en ce moment, je sais pas ce qui lui arrive. Et si c'était à cause de... Non, c'est pas le genre à se laisser déstabiliser par ça.

Une chose est sûre : il a besoin de repos parce que là il a vraiment mauvaise mine...

Je lui propose qu'on graille ensemble demain, histoire d'essayer de lui remonter le moral...

Après avoir passé le reste de la matinée à prospecter sur le site rencontreshard.fr, je pars à mon rencart avec la fille (?) rencontrée chez Leroy Merlin.
Mireille –c'est son nom– m'a donné rendez-vous dans un bar miteux du Kremlin-Bicêtre, juste à côté de son appartement.
La vache, est elle encore plus grande que dans mes souvenirs ! Un mètre quatre-vingt dix facile... Il faut dire qu'elle porte des talons aiguilles alors qu'elle avait des sortes de grosses charentaises l'autre jour. Et elle a revêtu une robe noire qui laisse apparaitre un gros tatouage de marin sur son bras de déménageur, ça m'avait échappé ça aussi... Sinon je me souvenais bien de sa grande mâchoire carrée à la Dolph Lundgren...
Aille, mon intuition initiale se confirme : j'ai bien peur que ce soit un homme... J'ai le coup d'œil pour ce genre de choses, on me la fait pas !
Elle me salue de sa voix bas-perchée et me fait la bise. Elle pique un peu, ce qui n'est pas de très bon augure.
Je commande un maxi-hamburger œuf-bacon frites, puis un deuxième, et on discute un peu s'envoyant quelques pintes de bière. Elle me dit qu'on ne se rend pas compte à quel point on est des privilégiés dans la fonction publique : dans son métier de chauffeur poids-lourd, les conditions de travail sont « une hor-reur ! »
Au bout de sept pintes de 1664 j'arrive à la conclusion métaphysique que la différence entre XX et XY n'est pas si importante que ça, et que merde après tout : j'ai pas envie d'avoir fait tout ce trajet pour rien.
Je monte avec elle à son appartement « pour un dernier verre ». Au bout de trois minutes elle se désape et comme je le craignais elle extirpe une grosse mortau turgide de sa petite culotte.
Je lui dis de ranger le matos car elle n'en aura pas besoin : aujourd'hui c'est moi qui pilote ! Roulez jeunesse !
Sur le chemin du retour, dans le métro, je me fais la réflexion que cette Mireille (qui m'a confié en se rhabillant que son vrai nom était en fait Raoul) est quand même bien sympa et que ça fait toujours plaisir d'élargir le cercle de ses amis.

A quinze heures, me voila revenu à l'Institut.
Forcément, avec ce repas bien arrosé et la petite partie de tagada-tsoin-tsoin, je m'effondre tel un footballeur italien dans la surface de réparation adverse, victime du traditionnel et inévitable coup de barre. Il est temps d'attaquer ma petite sieste syndicale : je sors le lit de camp pliable que je garde à cet effet dans mon placard, installe ma couette et mon oreiller, puis je verrouille la porte de mon bureau. Une petite demi-heure de sommeil et à mon réveil je serai frais comme une rose : j'en aurai bien besoin pour travailler un peu sur la note de service que je rédige sur le thème des entrées-sorties des consommations intermédiaires de la filière charcuterie dans le Limousin, document que je suis sensé avoir rendu il y a un mois... Je m'installe confortablement et me laisse glisser dans un salutaire roupillon...

Le réveil est douloureux : on frappe à ma porte, mais qui ça peut bien être ? J'ai un de ces mal de crâne... Dehors il fait nuit noire : aurais-je dormi un peu plus que prévu ? Ca continue de frapper, pfff... Oui, ça va, ça va, j'arrive !
J'ouvre la porte. Je dois avoir une de ces têtes de déterré... J'espère que mon visiteur ne va pas prendre peur en me voyant...
Tiens, le personnel de nettoyage... Mais qu'est ce que ?!
- Missié, on va nettoyer vot' buweau, faut pas wester là pwésentement.
Mais... Mais quelle heure il est, nom de... Un coup d'œil à ma montre. Oh putain, vingt heures. On dirait bien que me petite sieste a été un peu plus appuyée que prévue.
C'est pas encore aujourd'hui que je finirai ma note de service. Ce sera pour demain... Ou après-demain, on verra...

MARDI : LE MUSEE DES HORREURS

Punaise, qu'est ce que j'ai mal dormi... J'arrive à l'Institut sur le coup de dix heures. De toute façon je pourrais tout aussi bien me pointer à quinze heures, tout le monde s'en tartinerait allègrement la prostate au beurre d'anchois...
Me revoilà donc dans mon petit bureau miteux, face à mon écran et aux 128 cases de mon tableau, tel un Sisyphe d'opérette de retour en bas de son talus, prêt à pousser une nouvelle fois sa pierre. Je commence à remplir une case, et puis je me ravise : je vais plutôt aller me jeter un petit expresso. J'en ai bien besoin : je me sens un peu vaseux avec cette nuit agitée. Direction la machine à café.
Ca ne va pas fort, ma vision se trouble, je m'arrête au milieu de l'escalier pour m'appuyer sur la rampe. Mais qu'est ce qui m'arrive ? Allez ça va passer. Reprends ton souffle mon petit Basile, un, deux, trois... Zou, on repart comme en quarante.
A la machine à café je tombe nez-à-nez avec Bastien Laroquette. Je n'ai aucune envie de parler avec lui mais il engage la conversation :
- Hé salut Basile, comment va ?
- Ca va super, la forme olympique !
Il me considère d'un œil étonné.
- Tu as une petite mine pourtant... C'est vrai, tu as l'air fatigué. Tu devrais peut-être te prendre un peu de vacances ?
Mais pour qui il se prend ce jeune jeanfoutre ? En un éclair, je suis traversé par l'envie de précipiter sa petite gueule sur l'angle de la machine à café. Hé la bleusaille, va falloir faire preuve d'un peu de respect parce qu'à la prochaine remarque de ce genre je te garantis que je te remodèle la tronche façon Picasso. Je me ressaisis :
- Hum, bah tu sais je n'aurais rien contre une petite semaine au Club Med mais avec tout le boulot que j'ai sur les bras, ça risque de pas être possible (toujours respecter la règle numéro 1 de l'Institut...).

Il me regarde bizarrement... Un petit sourire de faux jeton en coin... Une expression qui dit en substance « à d'autres, je vois clair dans ton jeu. »
Impossible... C'est une transgression manifeste du corolaire de la règle numéro 1, selon lequel il est tacitement interdit de remettre en cause la parole d'un agent qui se dit débordé de travail...
S'il croit que je vais laisser passer ça... Piqué au vif, je contre-attaque :
- Et toi, où en est ta promotion au ministère ?
Et toc, un brulot dans ta face ! Fallait pas me chauffer, moussaillon !
Sans se démonter il me répond d'un air condescendant :
- C'est drôle que tu en parles car hier justement j'étais à une réunion avec le chef de cabinet du ministre et il m'a félicité pour mon travail. J'en ai profité pour lui glisser deux mots au sujet de mes vœux d'évolution de carrière et il m'a dit de lui envoyer un C.V. J'ai pris ça comme un signe encourageant.
Ho le ptit con, il me nargue, je vais me le faire ! J'vais tellement lui fracasser le portrait contre la machine à café que le médecin qui recollera les morceaux pourra se faire un capuccino rien qu'en essorant les pansements !
In extremis je réfrène mes envies de meurtre. Surtout se calmer, rester zen et diplomate :
- Tu sais, y a un truc qu'ils vont adorer chez toi au ministère...
- Ha oui, quoi ?
- Ton petit côté lèche-troufigne. Je suis sûr que le chef de cabinet du ministre prendra son panard quand tu lui mettras ta langue de velours dans l'obturateur.
Tant pis pour la diplomatie mais ça va quand-même mieux en le disant. Le voila qui la boucle et qui me lance son petit sourire méprisant. Puis il se débinoche sans demander son reste. C'est ça, va pleurnicher chez le boss si tu veux, je m'en tamponne le vase d'expansion.
Aaah, je me sens mieux tout d'un coup. Tant pis s'il va se plaindre chez le chef, ça n'ira pas chercher bien loin cette affaire-là de toute façon.

Enfin quand même en sirotant mon café je me dis que j'y suis peut-être allé un peu fort avec le blanc-bec. Ca ne me ressemble pas de pourrir quelqu'un à ce point-là, en fait c'est la première fois que ça m'arrive... D'habitude je suis plutôt bonne pâte...
Mais il y a chez ce Laroquette quelque chose d'indéfinissable, un petit air dédaigneux qui me déplait viscéralement et qui me pousse à lui voler dans les plumes. C'est comme ça, que veux-tu que je te dise ?
Allez, je file voir Françoise pour lui parler de la réunion de la veille et du projet européen. Enfin le projet on s'en cogne, moi je veux juste qu'on achète mon billet d'avion pour Rome. Une semaine de « réunions de travail » dans la Ville Eternelle au frais du contribuable... A moi la Dolce Vita, à moi les antipasti, les bruschettas, les Castelli Romani !

Françoise a tôt fait de tempérer mon enthousiasme :
- Mais il va te falloir un sauf-conduit 347C pour partir à Rome.
- Un quoi ?
- Et bien comme ton statut va changer dans une semaine, pour voyager il te faut un sauf-conduit 347C comme le prévoit l'article 12 alinéa D du décret 1999-54-103 de la loi-cadre du 2 octobre 2003 sur le statut des agents des Etablissements Publics Administratifs.
- Heu... Et qui le délivre ce sauf-conduit ?
- Alain Jankulovski, du service d'administration générale et de prospective appliquée, bureau ED-209 bis.
-Jank... Heu, on lui passe un coup de fil ?
- Il vaut mieux que tu te déplaces directement : Jankulovski est assez pointilleux en ce qui concerne le règlement. Et comme l'article 64-12 du cadre de gestion de l'Institut stipule que les agents sont tenus de retirer les sauf-conduits de classe 300 directement au bureau habilité du service d'administration générale et de prospective appliquée, il risque de refuser de te l'envoyer par courrier interne.
- Bon ben on va aller le voir...

Je ne connais pas ce type-là mais va savoir pourquoi, j'ai un mauvais pressentiment. Oh, rien de bien préoccupant mais c'est bien la première fois qu'un collègue me laisse entendre qu'untel est particulièrement exigeant quant au respect du règlement. Au sein d'une boite dans laquelle le sport national consiste à casser le fondement des mouches en chicanant sur la moindre virgule de chaque paragraphe des textes officiels les plus abstrus, il faut convenir que l'avertissement a de quoi laisser songeur.
Aucune importance : je pars la fleur au fusil. J'ai besoin de ce sauf-conduit pour partir à Rome et personne ne me privera de mes gnocchi alla romana et de mes pasta all'arrabbiata !
Dix minutes plus tard, je suis devant le bureau du dénommé Jankulovski. J'ai eu toutes les peines du monde à le trouver car il est isolé du reste dudit service d'administration générale et de prospective appliquée. Et quand je te dis qu'il est isolé du reste du service, je ne blague pas : il se trouve dans la partie la plus sombre, la plus abandonnée, la plus déprimante de l'Institut, au troisième sous-sol : dans ce lieu sinistre que j'appelle le cloaque. Peinture bleue cadavre qui se détache des murs par pans entiers, néons qui clignotent, recoins sombres, infiltrations d'eau au plafond, bruit régulier des gouttes qui font plic-plouc, enfin tu vois le tableau…
On se croirait dans un vaste centre d'interrogatoire de la STASI, en plus austère. C'est aussi là que se trouvent les loges du personnel d'entretien (des immigrés illégaux payés au lance-pierre si tu te poses la question. Ah mais bien sûr ce n'est pas la faute de l'Institut, hein ! Nous on n'est au courant de rien puisque c'est un sous-traitant qui fait le job. C'est lui le négrier, c'est pas l'Etat Français !). On y trouve aussi le bureau que partagent les deux créatures de cauchemar du service informatique Amédée et Georgina (qui ont été parqués ensemble dans le cloaque suite à une pétition de leurs collègues qui ne pouvaient plus les supporter).
Je ne suis allé qu'une seule fois auparavant dans le cloaque (et encore, c'est parce que je m'étais perdu dans

les couloirs) et je me souviens que j'en étais ressorti avec une vague envie d'avaler trois boites de somnifères. A part une prison Nord-Coréenne, je ne pense pas qu'il existe sur Terre d'endroits plus déprimants que celui-ci.
Inutile d'avoir fait Normale Sup pour parvenir à la conclusion que Jankulovski a été mis au placard, et pas qu'à moitié... Mais quelle faute a-t-il bien pu commettre pour finir dans ce trou ? Il a dû salement déconner...
En tout cas, s'il se montre récalcitrant dans la délivrance du sauf-conduit, je pourrai toujours tenter de l'amadouer en lui faisant comprendre que moi aussi j'ai été mis sur la touche et que je sais ce que c'est d'être dans cette situation : le sentiment d'inutilité, l'ennui, la solitude... Je sortirai les violons, le pipeau, tout le matos. Je vais te l'enrhumer le gratte-papier, ça va pas trainer !
Ni une ni deux, je frappe à la porte.
Un « ouiiiiiiii » trainant et sépulcral me parvient des profondeurs de la salle. On dirait un son à mi-chemin entre le râle d'un mourant et la complainte d'une âme damnée...
Je n'en mène pas large et j'ai autant envie d'entrer là-dedans qu'un réfugié Afghan contraint de monter dans l'avion charter qui le ramène à Kaboul, mais si je veux obtenir mon précieux sésame pour Rome, j'ai pas le choix. Allez hop, on entre !
Bonjour tristesse : voila bien le bureau le plus lugubre qu'il m'ait été donné de voir au cours de toute mon existence. Tout y est terne, démodé, poussiéreux... Le papier peint à motif floral rose délavé sur fond marron clair semble tout droit issu d'une maison de retraite albanaise des années soixante. Le mobilier est un assemblage hétéroclite de tout ce qui s'est fait de plus moche au cours des quarante dernières années : armoire métallique vert pomme branlante, meuble bas en rotin à moitié déglingué, table métallique seventies dont le revêtement imitation bois se décolle allègrement, commode blanchâtre pourlingue en contreplaqué sur laquelle trône un petit aquarium avec ses deux poissons rouges faméliques...

Mais tout ceci n'est rien en comparaison de l'apparence de l'occupant des lieux.
Alain Jankulovski ressemble à un employé de bureau qui serait resté figé dans le temps au cours des trois dernières décennies. Il est vêtu d'un costume gris élimé rapiécé aux coudes bien trop grand pour lui, sans doute acheté en solde dans une grande surface au début des années quatre-vingts. Sa cravate gris anthracite de croque-macchab' est tellement serrée autour de son cou que les veines de ce dernier semblent sur le point d'exploser.
Il est de corpulence chétive, avec une grosse tête surmontée de cheveux poivre-et-sel nappés d'un appétissant glaçage pelliculaire. Avec ses lunettes triples foyer, il me rappelle étrangement le personnage incarné par Didier Bourdon qui disait « Ingrid, est-ce que tu baises » dans la parodie de l'émission Tournez Manège.
Lorsque je referme la porte derrière moi, des dizaines de toiles d'araignées spidermanesques paisiblement accrochées au plafond se mettent à danser paresseusement sous l'effet du courant d'air.
Je pose mon regard sur Jankulovski. Il ne bouge pas d'un iota. Une vraie momie... Mon dieu, c'est quoi cette chose ? Le bêtisier du musée Grévin ? Ils l'ont empaillé ou quoi ? Ou alors ils l'ont cryogénisé et ils y ont été un peu fort sur l'azote liquide ? Je hasarde :
- Monsieur Jankulovski ?
- Lui-même, répond-t-il d'une voix aigue.
J'avise un encadré accroché au mur de la pièce. Un tableau...
Qu'on se comprenne : il ne s'agit pas d'une œuvre d'art, d'une copie de Dali ou de Rothko, que nenni : c'est un tableau noir et blanc à double entrée avec plein de cases. Format A3. Dans un cadre doré, sous verre... Mais qu'est-ce que c'est que ça ?
Jankulovski a remarqué mon regard intrigué. Un sourire d'idiot du village apparait sur ses traits ingrats. Il semble fier comme un coq lorsqu'il me dit :
- Impressionnant, n'est ce pas ? Ce tableau m'a valu le deuxième prix du concours organisé par le club de

représentation graphique inter Etablissements Publics en 1982. Il s'agit d'une table de modélisation inductive des recettes de l'Etat en fonction de plusieurs paramètres économiques et démographiques fournis par l'INSEE. Les tableaux à double entrée sont une des plus belles inventions de l'histoire de l'Humanité. C'est pour ça que nous ne faisons que ça à l'Institut... J'ai également remporté le grand prix Raymond Barre 1985 décerné par l'amicale des Finances Publiques, qui récompense chaque année le tableau le plus innovant en termes de Comptabilité Nationale. Bien sûr, je ne conserve pas l'original ici, ce serait bien trop risqué, vous pensez bien. Je le garde précieusement chez moi dans un coffre. Il m'a été dédicacé par la secrétaire de Michel Rocard en personne donc il est hors de question que je le laisse ici à la portée du premier venu. Sans compter que grâce à ce tableau, j'avais gagné un an d'abonnement au Journal Officiel. Je garde un souvenir ému de cette époque...
Je m'approche du cadre tout en simulant mon meilleur regard de connaisseur :
- Hum oui, effectivement ce tableau m'a tout l'air d'être un modèle du genre, du travail de pro, bravo !
Mais qu'est ce qu'il ne faut pas dire pour pouvoir partir à Rome... A peine ai-je prononcé mon compliment que le visage de Jankulovski s'illumine d'un rictus de maniaque :
- Merci... Si vous voulez je peux vous montrer ma dernière création : un diagramme de distribution des allocations de chômage en fonction de la tranche d'âge et de la zone géographique.
Il est devenu tout rouge et tremble d'excitation. On dirait un vieux pédophile qui propose à un enfant de lui montrer des photos de lui en costume d'Adam... Mais qu'est ce qui m'a mis un dégénéré pareil ? Enfin au moins, maintenant je sais pourquoi il s'est retrouvé dans le cloaque... Vite : changer de sujet avant qu'il n'ait un orgasme :
- Heu, ce sera avec grand plaisir mais aujourd'hui j'ai un timing assez serré donc ça risque d'être un peu juste pour que je puisse admirer, heu, voir ça. En fait je viens

vous voir car j'aurais besoin d'un sauf-conduit 347C pour partir à Rome dans le cadre d'un projet Européen.
Le tableauphile revient sur terre. Il fait la moue : je lui ai cassé son trip. J'espère que je n'aurai pas à le regretter... Il marmonne :
- Un sauf-conduit 347C... J'en déduis que vous êtes dans un cas de changement de statut décrit dans l'article 12 alinéa D du décret 2003-54-103 relatif aux agents de droit public. Aucun problème.
- Ah, parfait. Donc vous pouvez me délivrer mon sauf-conduit ?
- Bien sûr.
- Heu, vous pouvez donc me le remettre maintenant ?
- Evidemment. Vous pouvez me donner votre 99-42 ?
- Mon 99-42 ?
- L'avenant à votre contrat de travail comportant une apostille 99-42...
- Plait-il ?
- C'est très simple : la délivrance de tout sauf-conduit de type 347 nécessite au préalable une apostille 99-42 comme le prévoit l'article 510-21 du cadre de gestion de l'Institut. Donc revenez me voir avec l'apostille 99-42 et je serai en mesure de vous faire votre sauf-conduit.
Je contiens une envie impérieuse de lui faire bouffer son tableau...
- Et à qui dois-je m'adresser pour obtenir ce document ?
- Josiane Fricouzoff, du sous-bureau de gestion des avenants aux contrats de travail.
- Bien... Merci, je reviens vous voir dès que j'ai le document.
- Bien entendu. Et comme vous semblez intéressé par l'ingénierie des tableaux, je vais vous préparer une sélection de mes meilleures créations que je me ferai un plaisir de vous commenter.
- J'ai hâte de voir ça...
A ce moment on frappe à la porte. Etrange : Janku réajuste nerveusement sa cravate et tente de se recoiffer en passant les doigts dans le pandémonium gluant de sa chevelure, envoyant voler du même coup sur ses épaules une kyrielle de petits flocons blancs semblables

à des œufs de mouche. Puis il dit d'une voix encore plus aigue que d'accoutumée :
- Entreeeeeeez...
La porte s'ouvre et entre alors une femme de ménage, une petite black plutôt mignonne et bien roulée. Jankulovski devient tout rouge et dit :
- Bonjour Fatou, comment allez-vous aujourd'hui ?
- Ca va bien monsieur Alain, mais y a beaucoup de travail vous savez, tssss...
Tiens tiens, on dirait bien que notre rond de cuir a le béguin pour la petite Fatou. Bon à savoir... Un silence gêné s'installe alors que Fatou époussette les meubles, puis vide la corbeille à papier. Au moment où elle quitte la pièce, Jankulovski balbutie un vaseux « au revoir Fatou... Bonne journée... »
Basile, à toi de jouer : c'est le moment d'exploiter honteusement la situation par une veule flagornerie :
- Alain, vous êtes marié ?
- Non, pourquoi ?
- Non, parce que je me disais que la petite Fatou, et bien...
Derrière ses lunettes il ouvre des yeux aussi grands que la rose occidentale de Notre Dame et dit d'un ton surexcité :
- Et bien quoi ?
- Non, je me disais juste... Enfin, j'ai l'impression qu'elle vous aime bien.
- Vraiment ?
- Oui : ça crève les yeux. Vous devriez lui parler...
- Ah oui ? Et qu'est ce que je lui dis ?
- Ben par exemple vous pouvez lui proposer d'aller prendre un verre...
- Prendre un verre ? Et je peux lui offrir un bouquet de fleurs ?
- Heu, non, pas tout de suite. Mieux vaut garder les fleurs pour plus tard... Proposez-lui juste d'aller prendre un verre dans un bar après le travail et faites la rêver : parlez-lui d'aventure, de voyages, de belles voitures, essayez de trouver et de jouer sur sa petite corde sensible...
- Sa petite corde sensible...

Il me regarde bizarrement mais un sourire de benêt illumine ses traits. C'est gagné, je me suis fait un pote : il m'adore le Janku. Pas que ça m'amuse de faire copain-copain avec ce cas social mais au moins suis-je sûr qu'il ne me mettra pas de bâtons dans les roues, voire qu'il fera de son mieux pour m'aider à obtenir le fameux document apostillé.
Bon c'est pas tout ça mais j'ai mieux à faire que de débiter à ce pauvre type l'intégrale du cours « la drague pour les autistes ». Prétextant un conf-call, je prends congé de l'imbécile heureux. Il était temps que je m'extirpe de cet enfer... Et dire que je dois revenir voir ce timbré, ça me fout le moral en berne.
Je traverse les couloirs déserts et mal éclairés du cloaque en direction de l'ascenseur qui me ramènera à la civilisation. C'est alors que j'aperçois une silhouette qui émerge d'une cage d'escalier, une dizaine de mètres plus loin. Je connais cette démarche de jeune premier constipé... Bastien Laroquette !
Mais que vient-il faire dans les méandres du cloaque ? Impossible : aucun individu sensé n'aurait l'idée saugrenue de se promener dans ce cul-de-basse-fosse. Mais alors que fait-il ?
Intrigué, je le prends en filature en veillant à ne pas me faire remarquer. Il marche vite le bougre... A plusieurs reprises, je le perds de vue mais à chaque fois je parviens in extremis à retrouver sa trace. Je commence à me dire que j'ai dû être ninja dans une vie antérieure...
Le voilà qui s'engage dans un nouvel embranchement : vite, j'accélère le pas et je m'engouffre dans le même couloir...
Mais...
Je me pince pour y croire. Quelqu'un a mis du LSD dans mon café ou quoi ?
Face à moi, le couloir se termine à cinq mètres par un cul de sac. Un mur bête et méchant... Pas une porte, pas une lucarne : rien. Tout porte à croire que Laroquette s'est volatilisé.
Non, il doit forcément y avoir une issue, un passage secret... Je me mets à arpenter l'anfractuosité à la

recherche d'un mécanisme. Là, dans le recoin, il me semble qu'il y a quelque chose...
- T'as perdu ta montre, ducon ?
Mon sang se glace et je sursaute. La voix androgyne a retenti dans mon dos. Je me retourne et tombe nez-à-nez avec Georgina Figouse, alias la femme à barbe. A ses côtés, Amédée, le kobold défectueux dont les exhalaisons de ragondin faisandé viennent déjà me titiller les naseaux. Manquait plus que ça... Les deux bizarreries humaines me font face et me barrent la route comme s'ils voulaient me faire la peau.
Je t'ai déjà présenté Amédée, le nain malfaisant du service informatique. Permets-moi d'en faire de même avec sa collègue Georgina.
Comme son doux surnom le laisse présager, Georgina se différencie du reste de la gente féminine par sa pilosité un rien abondante. Et là je ne te parle pas d'une petite moustache gracias ou d'une légère toison à la Frida Kahlo : pour que tu te fasses une idée de l'ampleur de la touffe, dis-toi qu'on gravite quelque part entre la barbouze du Che et la complète œuf-jambon-fromage à la Moïse. En plus de son hirsutisme, Georgina se caractérise par une carrure de lanceuse de marteau est-allemande des années soixante-dix qui laisse à penser qu'elle est tombée dans la marmite de stéroïdes anabolisants quand elle était petite. Elle est vêtue d'un t-shirt moulant à manches courtes qui met en valeur son impressionnante musculature. Nom d'un petit bonhomme, ces gros bras velus, on dirait des pattes de grizzly...
Ce n'est pas le fait du hasard si Robert la surnomme Sébastien Chabal... Il faut avouer que la ressemblance est non-négligeable.
Dans un éclair de curiosité déplacée, je tente de me l'imaginer sur la plage en bikini, avec tout le foin qui dépasse de la charrette... On ne doit pas être loin du Guinness des records, catégorie tablier de forgeron. Mais ce n'est pas le moment de rigoler : nul doute qu'elle pourrait m'envoyer six pieds sous terre d'une simple torgnole bien ajustée. Visiblement elle ne goute

guère mon regard curieux posé sur sa personne puisqu'elle m'éructe en pleine face :
- Baisse les yeux quand tu m'regardes, pauv' clown !
- Mais je ne comprends pas, je…
- Tsss !! Tu la boucles et t'écoutes. On a un petit message à faire passer à tes chefs !
- Mes… Chefs… ?
- C'est ça, fais l'innocent. Continue comme ça et j'te colle une praline !
- Mais c'est un malentendu, je cherche un collègue, il était là il y a juste trente secondes, il…
- Oui, continue de nous prendre pour des cruches, t'as vraiment envie qu'on te bousille ta jolie petite gueule ?
Le lutin sinistre renchérit :
- Nièéé, va t'bousiller ta ptit'gueul !
Je commence à avoir les roustons à zéro, ils ont vraiment l'air de vouloir me bouffer tout crû. Enfin surtout la sœur de Tarass Boulba : le nain de jardin s'il le faut je lui marche dessus. Mais où suis-je tombé, grands dieux ? Ce n'est plus un cloaque là, c'est une version déjantée de l'Enfer de Dante !
Georgina se rapproche encore de moi et reprend d'une voix de minotaure femelle :
- Inutile de faire ta sainte nitouche, c'est le moment de passer à table : dis nous où tu l'as planqué.
- Heu, planqué ? Mais de quoi vous parlez ?
- Le micro, pauv' truffe, où tu l'as foutu ? Tu crois qu'on est pas au courant des manigances qui se tramentdans les bureaux peut-être ? Tu t'imagines qu'on ne sait rien du grand complot ?
- Le… Grand complot… ?
- Haha, ça t'en bouche un coin, furoncle crevé ! Et ben oui, on est au courant de ce que les directeurs de l'Institut manigancent. On sait qu'ils sont à la botte des officines occultes du gouvernement, eux-mêmes esclaves des francs-maçons et des grands banquiers. Inutile de nier, Amédée m'a tout raconté.
Et la demi-portion de seriner :
- Lé tout raconté !
La Bête du Gévaudan poursuit :

- Deux hommes sont venus voir ton chef hier matin dans le but d'installer un nouveau logiciel sur les ordinateurs de l'Institut. Ca te dit quelque chose ?
Je lui réponds d'une voix guère rassurée :
- Heu, oui. Deux consultants qui voulaient nous vendre une plate-forme de gestion, mais nous leur avons dit que nous n'étions pas intéressés...
Madame Chewbacca part dans un rire hystérique puis assène :
- C'est ça, une plate-forme de gestion, arrête de me faire rire, ça m'fait des crampes aux abdoms ! Tu crois qu'on va gober ça ? Tu nous prends pour des cadets ? Ces deux consultants, comme tu les appelles, sont des agents envoyés par la société secrète des Illuminati pour installer des logiciels espions sur les ordinateurs de l'Institut !
- Les Illuminatis, des logiciels espions ? Mais je...
- Ferme ton bec, on sait bien que tu es des leurs. Ca ne sert à rien de nier. Nous savons que certaines personnes en haut lieu ont décidé de nous espionner car ils nous considèrent comme une menace pour leurs plans d'asservissement global de la population.
- Heu, espionner qui ?
- Oh, comme si tu ne le savais pas, crevure ! Espionner qui ? Mais nous deux, pardi : Amédée, et moi. Les deux seuls membres du service informatique qui ne sont pas inféodés aux directeurs de l'Institut, dont tout le monde sait qu'ils ne sont que des sbires mis en place par le groupe Bilderberg et la Commission Trilatérale dans le cadre de leur conspiration satano-sioniste !
- Heu, écoutez, je ne sais pas de quoi vous parlez. Je crois qu'il y a un gros malentendu...
- Un malentendu ? Tu veux te payer ma tête, c'est ça ! Personne ne vient jamais à cet étage et comme par hasard tu viens pointer le bout de ton nez et fouiner à proximité de notre bureau le lendemain même de ta prise de contact avec les Illuminatis. Tu as une explication rationnelle à ça je suppose ?
- Et bien, je...
- Alors tu vois ? Tu n'as rien à répondre, comme c'est étonnant ! Alors tu vas ouvrir bien grand tes oreilles et

faire passer le message suivant à tes supérieurs. Dis-leur que tant que Georgina Figouse et Amédée seront là pour veiller au grain, jamais, au grand jamais ils n'installeront leurs programmes espions, leurs micros ou leurs puces RFID chez nous, c'est compris ? Que ce soit clair : nous lutterons jusqu'au dernier contre le complot judéo-nazi !
- Le… Complot… Judéo… Nazi ?
- C'est ça, continue de faire ton ingénu, de faire comme si t'étais pas au courant. Même les seconds couteaux comme toi ne l'ignorent pas : l'Histoire officielle n'est qu'un ramassis de foutaises destinées à tromper le petit peuple pour mieux l'asservir ! Ceux qui ont fait un tant soit peu de recherches sérieuses sur internet sont bien sûr au courant de l'existence du complot judéo-nazi. En réalité ils sont alliés ensemble depuis le conflit qui opposa les Atlantes au peuple de Mû il y a de cela plusieurs millénaires. La version officielle des évènements de la deuxième guerre mondiale n'est qu'un leurre qui a été inventé de toutes pièces pour détourner l'attention de leur coalition maléfique !
Et l'avorton Amédée de clabauder :
- Niééé, 'culés d'banquiers juifs nazis !
Georgina se rapproche encore de moi, me voila à portée de coup de boule… J'ai le trouillomètre à moins douze… Elle m'aboie au raz du pif :
- Et maintenant tu dégages bien sagement. Dis-toi bien une chose : si je te revois en train de farfouiller dans les parages, Je cuisinerai personnellement un ragout de roubignolles avec tes bijoux de famille, et je ne plaisante pas.
Comme je ne trouve rien à redire à cette suggestion culinaire, elle ajoute :
- Alors on fait moins le malin tout de suite, t'as perdu l'usage de ta parole ? L'escalier est par là au cas où tu te poses la question.
Et le rase-moquette de pérorer :
- Gnaa, si tu r'viens on va t'tuer jusqu'à c'que tu sois mort !

Je ne me fais pas prier pour prendre congé des deux phénomènes de foire et m'éjecter de ce cauchemar souterrain.

Lorsque j'arrive au rez-de-chaussée, je suis certes soulagé d'avoir pu regagner le monde civilisé sans laisser de plumes (voire pire), mais j'ai le moral dans les chaussettes. Imagine toi : je partais bien tranquillement pour récupérer mon laissez-passer pour Rome et à mon retour le bilan est plus que mitigé : non seulement je remonte brocouille mais en plus dorénavant Georgina et son gnome autophage m'ont dans le collimateur car ils croient dur comme fer que je suis un foutu membre des Illuminatis ou de je ne sais quel complot mondial à dormir debout. Résultat : une fatwa sur mon service trois pièces.

Et sans parler de cette petite tête-à-claques de Bastien qui joue les passe-muraille et me fait tourner en bourrique... C'est quand-même à cause de lui si je me retrouve dans de si sales draps.

En tout cas, lorsque je retournerai voir l'autre taré de Jankulovski, il faudra impérativement que je sois discret si je ne veux pas me retrouver avec les valseuses dans un Tupperware.

Là, tu te dis que j'exagère, que ce ne sont que de vaines menaces de la part de la fille de King Kong et qu'elle ne les mettra pas à exécution. Mais t'as pas vu son regard halluciné quand elle m'a dit ça, crois-moi ! J'en suis encore complètement tourneboulifié ! Miss Saint-Maclou est tellement siphonnée et parano qu'elle n'hésitera pas à passer à l'acte et à trancher dans le vif du sujet, quitte à finir dans la rubrique fait divers de Libé (et moi avec). La prudence est donc de mise si je veux conserver mon appareil reproductif.

Pour l'heure, tout est à refaire : je mets le cap sur le secrétariat et une fois sur place je demande à Françoise si elle sait où je peux trouver la fameuse Josiane Fricouzoff.

A l'évocation de ce nom, elle a un petit sourire en coin qui n'échappe pas à l'œil du tigre de tonton Basile. Je demande :

- Tu la connais ?

- Heu (autre petit sourire en coin)... De réputation...
- Allez ma petite Françoise, dévoile moi le pot-aux-roses : m'oblige pas à te faire un strip-tease...
- *(petit rire de greluche)* Oh, tu sais je ne la connais que de vue mais il y a quelques rumeurs qui circulent sur elle...
Aaah, les gonzesses, j'te jure, faut toujours qu'elles fassent monter la sauce avant de balancer leurs ragots...
- Oui, comme quoi par exemple ?
Elle part dans un nouveau petit rire d'adolescente attardée avant de dire à mi-voix :
- Et bien il se dit ça et là qu'elle est assez portée sur... Sur le... Heu, enfin, tu vois...
- Tu veux dire qu'elle ne se fait pas prier pour se débabiner la spontex ?
- Hein ?
- Te casse pas, j'ai compris, va. Elle est mignonne au moins ?
- Heu, c'est une femme d'un certain âge tout de même...
A la bonne heure mon petit Basile, ta prochaine mission si tu l'acceptes est d'extorquer une apostille à une nymphomane scribouillarde fanée de la chaglatoune. Evidemment, elle ne manquera pas de te faire du rentre-dedans, étant donné ton charme irrésistible...
Décidemment y a des jours comme ça où on n'est pas verni...
Autant becqueter son pain noir tout de suite : me voila en route pour l'antre de la Fricouzoff...
Une fois de plus je me paume dans les couloirs de l'Institut et après avoir demandé mon chemin à quatre reprises, me voila finalement rendu face à la porte du sous-bureau de gestion des avenants aux contrats de travail.
Je frappe à la porte et une voix libidino-râpeuse distordue par des décennies de tétinage de boutanches m'invite à entrer.
Me voici face à Josiane Fricouzoff, qui est à peu près comme je me l'imaginais, en pire. Ah pour sûr elle a connu des jours meilleurs la Frifri, c'est pas une première main, y a du rafistolage, et certainement pas

mal de coups de burin... Cinq décennies bien tassées, un kilométrage que l'on devine conséquent, les cernes de zombie typiques de la clopeuse intensive, les stigmates de l'alcool bien ancrés sur son visage et la couche syndicale de dégueulis de fond de teint pour masquer tout le bazar. Quant à sa coupe de cheveux –à mi-chemin entre celle d'Armande Altaï et une crinière de lion passée à l'eau de javel– elle constitue un véritable crime capillaire contre l'humanité. Mais bon restons positifs : Josiane Fricouzoff devait être une jolie femme du temps de Pompidou.

Sa bouche pulpeuse-au-passé-composé s'entrouvre comme une vieille pêche tombée de l'arbre depuis trop longtemps et me gratifie d'un sourire large comme les gorges du Verdon. Une voix rêche aux accents aguicheurs s'en échappe et vient me raboter les tympans :

- Bonjûûr, que puis-je faire pour voûûs ?
- Bonjour, j'aurais besoin d'un avenant à mon contrat de travail comportant l'apostille 99-42. Il parait que c'est votre bureau qui les délivre...

Voila-t-y-pas qu'elle ouvre de grands yeux étonnés et qu'elle me regarde comme si je lui avais demandé un menu Big Mac et une grande frite. Je te fais pas un dessin, c'est exactement le même regard dont te gratifie la guichetière d'une administration lambda lorsque tu lui demandes un papier officiel et que ca lui casse les miches de te le faire. Tu sais, cet air de dire « mais oui je vais te le faire ton papelard mais avant j'aimerais que tu comprennes qui est le chef ici. Ah, et inutile de dire que je vais bien te faire poireauter. Et puis tu as intérêt à être très gentil avec la dame sinon ta paperasse tu l'auras le jour où Gilbert Montagné sera champion olympique de tir à l'arc... »

Bref le genre de truc qui peut passablement exaspérer un honnête citoyen dont les impôts sont utilisés à rémunérer ce genre de goule administrative... Evidemment, à moi, ca fait bien longtemps qu'une telle attitude m'en touche une sans faire bouger l'autre puisque mon environnement professionnel a toujours pullulé de ces charmantes créatures.

- Un avenant apostillé donc... Je vais faire mon peûssible mais vous savez je suis dé-bor-dée en ce moment. Je vous le ferai dès que j'aurai un peu de temps...
Et voila la musique qui commence... Débordée, je veux bien te croire : tu dois en avoir, des coups de fil à passer à tes copines. Mais surtout ne pas s'énerver, garde ton calme mon petit Basile, pense à Rome, pense aux savoureux bucatini all'amatriciana qui t'attendent...
Je gratifie la virago de mon sourire à la George Clooney et je lui dis d'un air entendu :
- Bien sûr, je sais ce que c'est. Prenez votre temps... Mais... C'est un poster de Patrick Juvet que vous avez-là ? C'est pas possible, je pensais bien être son seul fan dans tout l'Institut !
- Vous aimez Péétrick ?! Waaaaa, j'adôôôôre Pat'. J'ai été le voir à l'Olympia en 1987 et je suis tombée sous son châââarme !
- Nooon, incroyable, vous aussi vous y étiez ? C'est le meilleur concert auquel j'ai assisté de ma vie ! Ah mais quelle coïncidence tout de même, on a beau dire, le monde est petit ! Mais suis-je bête, je ne me suis pas présenté : Basile Moreau, mais bien sûr vous pouvez m'appeler Bas', Josiane. Heu, je peux vous appeler Josiane ?
Elle part dans un rire de ribaude qui vient de se faire pincer les fesses par son mac'.
- Mais oûûûûi. Et puis entre fans de Pat', on peut se tutoyer !
Et c'est parti : on fait copain-copain, on se taille une bonne bavette de dix minutes, pas que ca me fasse plaisir mais c'est pour le bien de la cause.
Je crois que je l'ai mise dans ma poche : la voila qui glousse comme une dinde à toutes mes vieilles blagues de derrière les fagots, y compris celles que je sors tout droit du répertoire de Jean Roucas. On continue de discuter, je lui cite le nom de quelques chanteurs baba-cool qui ont dû marquer sa jeunesse par leurs refrains ringards. Ah, nul doute qu'elle m'apprécie la gueuse !
Je commence à me dire que ca fleure bon l'apostille 99-42, lorsque tout d'un coup je sens qu'un changement

subtil d'atmosphère est en train de s'opérer. Je perds le contrôle de la situation... L'ambiance est en passe de glisser de la joyeuse camaraderie à quelque chose de plus tendancieux. Ben voila, ca m'apprendra à faire mon joli cœur et à ne pas savoir contrôler mon sex-appeal...
Miss Fricou ne rigole plus. Elle me dévisage langoureusement, elle se pourlèche les babines, fait sa coquette, met sa bouche en cul-de-poule.
Puis, elle me parle d'une voix aguicheuse, me demande ce que je fais ce soir... Me complimente sur mon eau de toilette... Et vla qu'elle me concocte un remake du numéro de Sharon Stone dans Basic Instinct : elle croise les jambes, les décroise, les recroise... C'est mon imagination ou ça sent la marée basse ? Ces émanations... Ca me rappelle quand on pêchait la crevette rose à Saint-Malo avec mon grand-père... Grands dieux, c'est donc ca : la Fricou sulfate abominablement du dindon !
Il n'en faut pas plus que ces effluves de cassonade de poisson avariée pour que mon tube digestif se mette à danser la Tektonik... Alerte ! Mon ptit dèj' est comme Usain Bolt dans les starting blocks au départ du 100 mètres olympique ! Surtout, ne pas tergiverser, il faut que je quitte la poissonnerie avant de lâcher une belle peau sur la table de madame. Ni une, ni deux, je me mets en apnée. Jacques Mayol, donne-moi ta force ! Puis, entre deux hoquets bourbeux, je parviens à articuler :
- Je... Dois y aller, je... Te rappelle dans l'après-midi...
- Mais bien sûûûr, et si tu veux tu peux venir à 17h35, lorsque les bureaux sont vides et que les couloirs sont déserts... Nous aurons plus d'intimité, dit-elle en m'adressant un clin d'œil épouvantable...
Vite : sortir...
Enfin me voila dehors. Je prends une grande inspiration d'air pur. Quelle délivrance...
Décidemment c'est pas mon jour : après mes mésaventures du cloaque, voila que miss con-pourri a le béguin pour moi et entend bien monnayer son coup d'apostille contre un coup de tampon.

Qu'ai-je fait pour mériter ca ? Aurais-je offensé les divinités de la fonction publique ?
Dépité et toujours vaguement la potée auvergnate au bord de la glotte, je pars me retaper une santé dans mon bureau. Allez mon ptit père Basile, c'est pas le moment de baisser les bras : on va y aller à Rome, même si pour ca il faut aller chercher les documents nécessaires avec les dents !
Le téléphone sonne. C'est Robert. Il me rappelle qu'on a convenu d'aller taper la cloche ensemble à la cantine. Il est tout excité parce qu'il a vu le menu du jour de la cantoche sur l'intranet : une délicieuse choucroute aux fruits de mer, son plat préféré...
Après le cauchemar olfactif que je viens d'endurer dans le bureau de la Fricouzoff, j'ai envie de tout sauf de fruits de mer mais une discussion en tête à tête avec le dernier poète, comme il aime à se qualifier lui-même, aura au moins le mérite de me remonter le moral...

- L'abominable femme des neiges t'a dans le nez ? T'es foutu mon vieux !
Me voila attablé face à Robert. Le mastard dévore son éléphantesque choucroute aux fruits de mer qu'il arrose copieusement de grosses lampées de pinard bon marché. Il a demandé trois assiettes de choucroute car il jugeait que la portion proposée était « tout juste bonne pour une morue au régime ». Pendant ce temps, je lui narre mes péripéties de la matinée. L'ogre ponctue chacune de mes phrases de grognements de fauve en pleine becquetance.
- Oui, elle m'a dans le collimateur. Et tu sais pas le pire...
- Groumf ?
- Elle a promis de faire un méchoui avec mes valseuses si elle me recroise à proximité de son bureau.
- Non... ?
- Si. Et manque de bol, va bien falloir que j'y retourne, dans le cloaque.
- Mais qu'est ce que t'as besoin d'aller te foutre dans ce trou, Basile, tu perds la boule, bordel à queues ? Non, parce que toi comme moi on sait que c'est une très

mauvaise idée de plaisanter avec la catcheuse velue : ceinture noire de Viet Vo Dao et de Krav Maga, ancienne championne d'Europe poids lourd de boxe française et sixième aux jeux de la force basque en 2010...
- Sixième seulement ?
- Sixième chez les hommes : le comité d'organisation a refusé de la laisser participer dans la catégorie féminine. Je le sais : mon beau-frère y était...
- Hmmm... Et cette rumeur qui circule au sujet d'une rixe de bar qui aurait dégénérée ?
- Tout est vrai : c'était il y a trois ans, au café des sports de Villeneuve Saint-Georges. Trois petites frappes ont commencé à chercher des noises à Georgina. C'a été la plus grave erreur de leur vie, une vraie boucherie : elle les a tellement avoinés qu'à l'heure où je te parle, l'un d'eux se balade encore en fauteuil roulant tandis que son pote a eu des lésions internes tellement graves qu'on lui a collé un anus artificiel.
- Fichtre, et le troisième... Le bruit qui court à son sujet ?

Robert s'arrête de mâchouiller et son visage se fige dans une expression qui serait presque solennelle si tout un chaos de lambeaux de choucroute ne venait former une barbe digne de Poséidon autour de sa bouche. Puis, il dit d'une voix grave :
- Oui mon vieux : il broute les pissenlits par la racine... J'en ai eu la confirmation par la femme de mon cousin Joseph qui travaille au commissariat de Villeneuve Saint-Georges... Georgina a bien failli passer quelques années à l'ombre pour ça mais heureusement pour elle, les trois bougres étaient recherchés pour viol et le juge s'est montré clément : finalement elle a pris un an avec sursis.
- Et ben, quelle histoire...
- Alors autant te dire que si ce monstre est à tes trousses, ca fleure bon le biscuit pour toi, mon pote. Si j'étais toi, j'écouterais ce qu'elle te dit et je retournerais pas trainer dans son coin...
- J'ai pas le choix camarade. Faut que je récupère un document important chez un gratte-papier qui s'est fait fossiliser dans l'un des bureaux du cloaque.

Bob débouche nonchalamment sa deuxième bouteille de pif et se verse un grand verre qu'il assèche en deux gorgées. Puis il essaie sans grand succès de prendre un air intelligent et dit :
- Le cloaque... Je me suis toujours demandé comment c'était possible d'atterrir dans cette crypte. A ce niveau c'est même plus de la mise au placard, c'est de l'embaumement pur et simple. Je n'y suis allé que trois ou quatre fois dans toute ma carrière, du temps où je bossais sous les ordres d'Hector Moutonnet. De temps en temps, Hector organisait une réunion sous un prétexte bidon en salle BFG-9000, au cœur du cloaque, de préférence avec des femmes. Il attendait que tout le monde entre dans la salle, puis un complice à lui –moi la plupart du temps, d'ailleurs– éteignait les lumières. Alors ce con jaillissait d'un placard déguisé en gorille avec un gode-ceinture de quarante centimètres autour de la taille et terrorisait les participants de la réunion. Qu'est ce qu'on a pu se poiler, c'était crevant !
- Très fin, effectivement...
- Ah, un peu de respect pour les disparus s'il te plait ! Tu sais bien que j'éprouvais beaucoup d'admiration pour Moutonnet, le meilleur d'entre nous. Pourquoi a-t-il fallu qu'il soit terrassé par une crise cardiaque à deux jours de la retraite ? La vie est injuste mon petit Basile, tu crois pas ?
- M'en parle pas mon vieux... Au fait, est ce que le nom de Josiane Fricouzoff te dit quelque chose ? Une vieille nympho du service RH qui dégage un fumet pire que ton haleine après ta choucroute aux fruits de mer...
- Heu... Oui, hum... Pourquoi ?
- Je suis allée la voir ce matin. C'est elle qui doit me délivrer l'apostille dont j'ai besoin pour partir à Rome... Alors tu la connais ?
Un sourire de vieux pervers apparait sur le visage du mammouth :
- Ben figure toi qu'avec Jozy il nous arrive de temps à autre de jouer un petit match amical de bilboquet à moustaches dans son bureau. Elle va bien au fait ?

- Très bien ! Quand je l'ai vue ce matin, je crois qu'elle revenait de chez l'esthéticienne. Apparemment c'était fermé...
- Très drôle...
- Non mais sans rire Roro... Je savais que t'étais une bête sauvage mais j'ignorais que tu avais faim à ce point là. Non seulement Fricou ne cote plus à l'Argus depuis la nuit de noce de Line Renaud mais surtout comment est-ce que tu fais pour supporter, heu... L'odeur ?
- Bah faut être réaliste mon petit bonhomme. Tu m'as vu ? Ca ne t'a jamais traversé l'esprit que je ressemble plus à un mix de Pierre Ménès et de Patrick Sébastien qu'à Clark Gable ? Et encore soyons honnêtes : même Ménès est beau gosse à côté de moi. En plus au cas où tu serais pas au courant, je suis plus de première jeunesse... Alors quand il s'agit de donner sa pitance au mât de cocagne, je peux pas trop me permettre de faire la fine bouche sur la marchandise, sinon je finirai par crever la dalle et passer définitivement en mode manuel, ca craint... Et puis l'odeur chez une femme, moi ca m'excite. C'est vrai que Jojo fait pas semblant de raconter du valseur, et ben moi ça me plait ! C'est comme de déguster un vieux camembert bien dégoulinant, comme de se farcir un plat de tripes à la mode de Caen ou de se caler les joues avec une andouillette de Troyes gratinée au chaource...
- Continue à parler comme ça, espèce de gros dégueulasse, et ton gratin de chaource je vais te le livrer en express sur ta veste.
- Bah, laisse tomber, c'est des plaisirs du terroir : un parisien métrosexuel comme toi, il peut pas comprendre ça... Mais bon il faut regarder le coté positif des choses : la mère Josiane elle est toujours partante pour un petit coup dans le fournil sur le pouce, même pendant les heures de travail. Et puis l'avantage c'est qu'à son âge les femmes n'ont plus la petite fermeture mensuelle pour cause de déchets. Donc aucun risque de lui placarder accidentellement un lardon dans le bocal. Camarade Kojak peut monter au front sans sa capuche.

- Ecoute mon vieux Bob, j'espère que je vais pas te briser le cœur ma ta belle m'a fait du rentre-dedans ce matin, et pas qu'à moitié...
- Oh mais ça m'étonne pas du tout, elle est sacrément chaude du réchaud ma Jojo. Et puis si tu lui as décoché ton sourire ravageur, elle a dû transformer sa petite culotte en pudding à la crème anglaise.
- Oui, et c'est là tout le problème : elle m'a bien fait comprendre que je devrais payer de ma personne pour qu'elle accepte de me faire mon papelard...
Face à moi, le Léviathan démarre au quart de tour :
- Ben vas-y fonce : chuis pas jaloux...
- Hors de question, gros. Même dans mes pires cauchemars, je n'envisage pas ce scénario. Alors si tu as une idée pour la convaincre de me filer mon document apostillé, parle ou alors tais-toi à jamais !
Et voila mon Roro qui se gratte le crâne. A en juger par son expression de singe savant, il semblerait qu'il soit en train de réfléchir.
D'un coup, ses yeux de bonobo s'illuminent.
- Je crois que j'ai un plan, dit-il.
- Pourquoi est-ce que j'ai peur quand je t'entends dire cette phrase ?
- Attends la suite : je suis sûr que tu vas adorer le mode opératoire.
Pendant cinq minutes, l'ours me dévoile son plan, puis finit par me demander :
- Alors t'en penses quoi de mon idée de génie ?
- Que tu peux te la carrer dans le claque-bourbe. Je ne ferai pas ça.
- Aaaah mais quel rabat-joie, c'est pas possible ! T'as complètement perdu le sens de la déconne ces derniers temps mon ptit Baz'. Qu'est ce qui se passe, t'es déprimé ou quoi ? Faut te détendre, ma couille ! Et puis t'as presque rien à faire, c'est moi qui fait le gros du taf.
- Robert, bordel, non seulement ton plan est à chier, mais en plus c'est positivement dégueulasse. Je refuse !
- Très bien, comme tu voudras. Tu changeras sûrement d'avis quand tu te rendras compte que c'est la seule manière pour que Jozy te fasse ton document. Je la connais bien, et sache que quand elle flashe sur

homme, elle ne recule devant rien pour s'engranger le Nestor dans la soute.
- Je trouverai un autre moyen.
- Comme tu voudras... Mais quelque chose me dit que tu reviendras gratter à la porte de tonton Bébert quand tu te seras rendu compte que son gros plan B qui tache est peut-être pas si bête que ça...

Une demi-heure plus tard, je suis de retour dans mon bureau, un brin contrarié. Robert est catégorique : Fricou la goulue ne me préparera pas mon document sans une bonne partie de jambes en l'air en bonne et due forme. Pas possible, il doit forcément se tromper. Je prends mon téléphone, compose un numéro, puis j'avale ma salive et prépare ma voix de séducteur. Au bout du fil, un roucoulement pouffesque m'agresse les tympans :
- Alleeeuuûû ?
- Hey, salut Josiane, c'est encore Basile... Dis-moi, pour mon apostille 99-42, ce serait, hum, assez urgent, comment dire... Il faudrait que tu... Enfin si ça te dérange pas, bien sûr... Voila, si tu pouvais me... La préparer pour...
- Mais ûûûûi mon étalon... Tu sais ce qu'il te reste à faire...
- Heu...
- On se retrûûûûve dans mon bureau à 17h35 mon bel Apollon...
- Ah...
Biiiip biiiip biiiip... Elle a raccroché.
Nom de Zeus, cet emmanché de Robert disait donc vrai ! Me voila victime de harcèlement sexuel !
Soudain la porte de mon bureau s'ouvre... Wooo putain c'est Imhotep, elle m'a foutu les chocottes ! Saleté de résidu de sarcophage, on lui a jamais appris qu'il fallait frapper avant d'entrer ? Si elle continue de débarquer comme ça sans prévenir, un jour ce qui doit arriver arrivera : elle causera une crise cardiaque avec sa tête toute ratatinée de vestige archéologique. Lui manque plus que les bandelettes... Et ce sourire de faux derche... Aaaah, si je pouvais la disloquer au fusil à

pompe, quel bonheur ce serait... Quoi, qu'est ce qu'il y a, tu me trouves un tantinet agressif ? Eh doucement, je te jure que si un jour tu rencontres cette vieille pisse-vinaigre, tu comprendras ce que je ressens en ce moment même. Y a des personnes comme ça, t'as beau être un type bien, t'auras toujours des pulsions néfastes à leur égard. J'ai pas raison ?
Mais revenons à nos moutons. Le zombie femelle couine d'une voix pleurnicharde :
- Bonjour Basile, je viens te voir au sujet de Muriel... Grâce au Seigneur, elle commence à aller un peu mieux... Du coup je vais lui apporter un cadeau à la maison de repos. Je fais tourner une enveloppe pour que chacun contribue selon ses moyens... Au début on a pensé à un séjour en thalasso mais finalement c'était un peu cher donc on va lui acheter ses friandises préférées : un mille-feuille meringué, une charlotte au chocolat et trois paquets de macarons Ladurée.
Très bonne initiative : la pauvre Muriel ne pèse que 150 kilos et elle vient d'essayer de se zigouiller. C'est vrai qu'un melting-pot d'étouffe-chrétiens à 25000 calories parait tout à fait adapté pour lui faire retrouver une silhouette humaine...
Je m'abstiens toutefois de livrer le fond de ma pensée et rétorque :
- Ca me semble une excellente idée. Elle a bien besoin de se régaler pour retrouver le moral ! Combien il faut donner ?
- Tu mets ce que tu veux : c'est chacun selon ses moyens. Moi j'ai mis dix euros...
Dix euros pour engraisser la baleine neurasthénique ? Monte là-dessus, tu verras les pyramides ! Je suis pas radin mais là faut quand même pas déconner : c'est pour la bonne cause !
Je fais mine de fouiller dans mes poches pendant quelques secondes. Puis je plisse un sourcil et dis :
- Mince, c'est balaud : je n'ai plus d'argent liquide sur moi. Mais tu n'as qu'à me laisser l'enveloppe, je mettrai ma contribution et je dirai à Françoise de te la rapporter.
- Merci, mais je vais repasser plus tard...

Repasser plus tard ? Elle a pas confiance la toute sèche ? Allez, je préfère raquer tout de suite pour ne pas devoir endurer une nouvelle confrontation avec la créature :
- Ah, mais suis-je bête, je viens de retrouver un peu d'argent. Attends, je compte. Vingt... Quarante... Soixante... Un euro soixante-cinq, c'est bon ?
La chose se fige et son visage adopte une expression à mi-chemin entre l'indignation et le mépris. M'est d'avis que Toutankhamon devait faire la même tronche dans son sarcophage lorsqu'il s'est rendu compte que les rosbifs étaient en train de piller sa tombe.
La parcheminée empoche ma caillasse sans piper mot et s'en va racketter d'autres collègues. C'est ça, va au diable ! Je suis sûr que tu prendras ton pied lorsque tu verras Muriel se faire exploser la panse avec toutes les saloperies que tu lui auras payées.
Ca y est, elle a réussi à me foutre de mauvais poil...
Mais pourquoi donc a-t-il fallu que j'atterrisse dans un job pareil avec tant de dégénérés autour de moi ? Qu'est ce qui a bien pu foirer à ce point-là dans ma vie pour que j'en arrive là ?
Mais bon, le moment est mal choisi pour les questions existentielles : pour le moment je dois me concentrer sur l'obtention de cette foutue apostille 99-42.
Je me connecte à l'Intranet et je jette un œil à l'organigramme. Peut-être que je peux court-circuiter Fricouzoff en m'adressant directement à son supérieur hiérarchique ?
Si je me fie à l'organigramme de l'intranet, la personne en question est Natacha Roulette, vice-directrice adjointe des ressources humaines. Je prends le bigophon et j'appelle...
- Allôôô ?
Une voix féminine...
- Oui, bonjour, madame Roulette ?
- Aaah non c'est Olga, son assistante. Natacha est en congé maternité assorti d'un congé parental.
- Ah, OK. Elle revient quand ?
- Le 18 décembre 2012.
- Heu, mais c'est... Dans un an ?!

- Oui, c'est bien ça.
- Et qui la remplace ?
- Personne... Vous savez, avec les budgets de l'Institut en ce moment, on n'a pas trop de marge de manœuvre pour recruter des CDD...
- Mais bien sûr, suis-je bête... Et bien au revoir...
- Au revoir.
Voila bien ma veine : la supérieure de Fricou est partie dépoter le gluant...
C'est donc officiel : je l'ai dans l'os. Pas moyen de squeezer Frifri l'incandescente de la boite à gants, mais qu'est ce que je vais bien pouvoir faire ?
Pour me motiver je regarde quelques sites internet qui vantent les mille et une merveilles de Rome. Sa gastronomie, son architecture, ses musées, ses jolies femmes... C'est trop beau : hors de question que je rate tout ça.
La mort dans l'âme je prends mon combiné et je compose le numéro de Robert :
- Ouais ?
- Robert, c'est moi... Ca m'écorche vraiment le fouinard de te le dire mais je crois que je vais devoir accepter ton plan immonde.
- Ah tu t'es décidé, c'est pas trop tôt !
- Robert...
- Ouais ?
- Je te hais.

A 17h35 pétantes, je suis face au repaire de Josiane Fricouzoff. Comme prévu les couloirs sont déserts à cette heure tardive et tous les bureaux sont plongés dans l'obscurité... Seul celui de Fricou est encore illuminé... A une dizaine de mètres de moi, Robert est en stand-by au coin du couloir. Il attend mon signal pour sortir de sa planque.
J'avale ma salive... Quand faut y aller, faut y aller. Je frappe à la porte...
- Uûûûûûiiiii...
J'entre... Elle est sur son siège, et un bandeau lui masque les yeux, exactement comme je lui en ai fait la demande un peu plus tôt au téléphone : « oh tu sais,

moi j'adore les jeux polissons... Alors si tu veux vraiment que je sois TREEEES excité, tu vas te bander les yeux et m'attendre comme ça dans ton petit nid d'amour... Et surtout tu ne dois pas le retirer durant l'acte car sinon ça me coupe mes effets... »
Etape 1 du plan : check.
J'indique à Roro d'un signe de la main que la voie est libre. Bon dieu, le voila qui rapplique sur la pointe des pieds. On dirait un hippopotame monté sur patins à glace. Pourvu qu'elle n'entende rien...
Mince, pendant ce temps j'ai oublié de dire mon texte, vite :
- Salut, ma tigresse sauvage... Devine qui est là avec son double décimètre et des brouettes ?
- Wouhouhou, vantard...
- Attends, tu vas pouvoir juger le matériel sur pièce... Ramasse-moi le dossier là, dans le dernier tiroir, tout en bas de la commode...
- Ouhouhou, grand foûûû...
A côté de moi, Robert commence à enlever sa ceinture. Surtout, ne pas regarder... C'est un coup à finir traumatisé à vie... Se vider l'esprit, rester zen... Ne pas penser à l'abomination qui va suivre... Rome, c'est pour toi que je fais ça. Si ça c'est pas du sacrifice alors je sais pas ce que c'est...
Face à moi, le spectacle d'épouvante se poursuit : Josiane Fricouzoff soulève sa jupe et se penche lascivement en avant tout en poussant un râle de michetonneuse en chaleur. Vite, je plaque ma main sur mon nez pour anticiper l'émanation nauséabonde qui va suivre... Mon dieu, elle n'a pas de culotte, me voila face-à-fesses ! Ce que je vois me paralyse de terreur : un popotin gigantesque et adipeux, mais surtout au milieu de ses voies sur berges la Fricou arbore une véritable assiette de charcuterie à crinière frappée d'éléphantiasis... Tout ce rouge vermillon, ce violet, ces crevasses, tous ces poils... On dirait un raton-laveur qui vient de se faire exploser par un semi-remorque sur l'autoroute.
Nul doute que même un chimpanzé sous Viagra renâclerait à l'ouvrage devant une marmite à fourrure si

ostensiblement corrompue. Soudain je chancèle, frappé de plein fouet par des relents de halle aux poissons à vous dérouter un régiment de tirailleurs cosaques...
Mais heureusement mon gros Robert est là et il ne s'embarrasse pas de ce genre de considérations : il est là pour faire le job et visiblement il ne se laisse pas impressionner par l'apparente hostilité du terrain, quitte à sortir le 4x4. Le voila qui dépaquette son engin... Falzar sur les chevilles, bigoudi farceur à la main, palonnier parallèle aux godasses, il s'approche maladroitement de la zone pestiférée tout en se cigognant le chibroque. Par la barbe du grand vizir, il gode comme un pendu ! Mais comment fait-il pour être excité par ce pot-pourri ? Je note au passage que dame nature n'a pas lésiné sur la robinetterie lorsqu'elle s'est penchée sur la confection des attributs virils du monstre. Trois, deux, un, contact ! Fricou s'exclame :
- Wûûûû, quelle bonne surprise : je ne savais pas que tu étais braqué comme un Néanderthal... J'adore les gourdins en bidoche !
Et paf, c'est parti pour la chevauchée fantastique...
Et moi qui m'étais promis de ne pas poser mon regard sur la bête à deux dos... Pourtant je ne peux pas m'empêcher de reluquer la partie de toutous : il y a quelque chose de fascinant dans les soubresauts désordonnés de cet effroyable cachalot bicéphale. Entre deux coups de reins convulsifs, Robert se tourne vers moi tout en ouvrant de grands yeux indignés et pointe son index sur ma bouche. Oh merde, mon texte, j'avais encore oublié :
- Ca te plait hein que je te cotontige l'oreille sourde !?
- Wûûhûûhû, oûûûûiiii vas-y : carambole-moi la bouche sans dents !!
Dans ma tête, les questions métaphysiques défilent à grande vitesse : Comment ai-je fait –moi qui étais un jeune homme enthousiaste et plein de projets incroyables avant de rentrer dans l'Institut– comment me suis-je donc démerdé avec mon foutu karma pour en arriver à une telle déchéance ? Quel est le chemin qui mène de la jeunesse et de l'ambition indomptable à la scène grand-guignolesque à laquelle je suis en train

d'assister ? Quel est le chainon manquant dans tout ce bazar ?

A un mètre de moi, les bestiaux poursuivent leur grimpette dans la joie et les bonnes humeurs à grands renforts de glougloutements sauvages et de bruits d'éviers qui se débouchent. Soudain Josiane s'écrie :

- AAAAAH mais enfin, que fais-tu ? On se connait à peine, tu ne peux quand-même pas m'encaustiquer la porte étroite !?

Oh non Robert, pas ça... Le mastoc me regarde avec sa tête d'orang-outang en rut tout en pointant un doigt accusateur sur ma bouche. Mais ça faisait pas partie du plan, ça ! Vite, improviser ! Inutile de dire que le spectacle dantesque dont je suis le témoin malheureux ne m'aide guère à me concentrer. Je m'applique à prendre ma meilleure voix d'acteur de boulard de série Z lorsque je dis :

- Haha, ben je vais me gêner ma jolie ! J'vais te transformer l'olive en tapenade !

- Oh oui... Oh non... Et puis finalement si, vas-y : métamorphose-moi la naine brune en supernova !

Robert acquiesce d'un air de connaisseur et, ni une ni deux, se met à calumetter avec ardeur l'entrée des artistes de madame :

- AAAhhhh, ûûiiiiiiiii !

J'ai vraiment l'impression d'assister à la version hard de *L'amour est dans le pré*. Et en odorama, excusez du peu... Une fois de plus je commence à sentir que le contenu de mon estomac prépare un remake de la Grande Evasion. Il est temps que cette sarabande malpropre se termine. Robert me fait un signe de la main pour me faire savoir que je dois passer à ma réplique suivante :

- Rhhâââââ, j'monte en béarnaise ! Prépare-toi à l'ouverture des ballasts !!!

- Uûûûûûiiii, déballe-moi ton yaourt dans la fosse septique !!!

Allez, encore un peu de baume au cœur pour mes derniers gémissements :

- RHHEUAAA !!

- Wûûûhûûûhûûû... Waaaaaa !

Voila les derniers spasmes et... Ouf, c'est pas trop tôt : il était temps que le gibbon s'écope les aumônières... Surtout ne pas se déconcentrer car c'est maintenant qu'on attaque la dernière phase du plan : l'exfiltration du gros Roro. Ce dernier remet maladroitement en place son slip kangourou XXXXL et commence à partir en marche arrière sur la pointe des pieds, toujours le futal sur les grolles. Très gracieux... Pourvu qu'il ne trébuche pas ! Pendant ce temps, il faut que je parle pour couvrir la retraite du gorille :
- Ah, quelle extase ma Jojo... Toi tu sais t'y prendre pour attiser le feu intérieur qui couve en moi. Ca fait bien longtemps que je n'avais pas fait l'expérience d'une telle pâmoison...
Je continue mon baratin tout en luttant contre l'envie de plus en plus pressante de lâcher un renard tandis que la Josiane remet sa jupe en place en poussant ses derniers couinements de plaisir. Fichtre, la voila qui veut retirer son bandeau alors que Bobby est toujours dans la pièce, je peux pas laisser faire ça :
- Attends, ma belle, laisse moi t'aider...
- Raaaah, quel gentleman tu fais...
Je m'attèle à lui débander les yeux en prenant mon temps. Au même moment Robert réussit à ouvrir la porte en silence. Belle prouesse pour un gros bourrin comme lui... Je lui adresse un signe impatient pour lui intimer de dégager, ce qu'il fait sans demander son reste. Fermeture de la porte... Pas un bruit. Superbe !
D'un geste fluide, je retire le foulard des yeux de la Fricou. Elle est toute rouge et boursouflée et son maquillage a coulé dans tous les sens... Quelle vision pathétique... On dirait un vieux clown toxicomane passé au four micro-ondes...
Elle s'exclame :
- Ooooh, tu t'es déjà rhabillé ? Ben tu perds pas de temps toi !
- Et oui ma jolie : j'ai un conf-call. Mais on se remet ça dès que tu veux...
- Ah ben dès que t'auras rechargé les bombonnes alors parce que là j'ai encore le cul qui gratte...

- Oui, hum, OK peut-être demain alors... Ah, au fait, et mon document ?
- Aaaah, les hommes... Pourquoi êtes-vous toujours si fuyants après l'amour ? Tiens, je te l'ai préparé ton papier.
Elle me tend le précieux papelard. C'est pas trop tôt...
- Merci...
- Attends un peu avant de partir : j'ai un cadeau pour toi...
Elle sort de son sac à main un étrange instrument en cuir bardé de clous pointus et me le tend révérencieusement comme s'il s'agissait d'un diamant pur de soixante carats, puis dit d'une voix émue :
- L'anneau pénien de feu Charles-Antoine, mon ancien amant... Quel homme... C'était un véritable marteau-pilon... Il me collait de ces chibrées d'anthologie, j'en suis encore toute retournée... Le pauvre, il est mort au volant de sa voiture alors même qu'il me téléphonait pour me dire qu'il était en train de se scalper le mohican en pensant à moi. Forcément ses deux mains étaient occupées et il n'a pas pu éviter le camion qui venait en sens inverse. Heureusement il n'a pas souffert...
- Hum... Mes condoléances...
- Merci, mais c'est le passé... Dorénavant l'anneau pénien est à toi car tu es son digne successeur... Je suis sûre qu'il t'ira comme un gant. J'aimerais que tu le portes la prochaine fois que tu me pousseras ton bras d'enfant dans le réduit à poubelles... Tiens, je le mets dans son étui...
- Hum, bon, d'accord, dis-je en empochant du bout des doigts la boite qu'elle me tend. Allez, Bye !
Mission accomplie : me voilà dehors ! Robert m'attend au détour du couloir, un sourire bien gras sur la trogne. Il veut me taper dans la main mais je préfère esquiver le coup, question d'hygiène. Il ne semble pas s'en offusquer. Je lui montre le papier dument signé et tamponné et il beugle :
- J'adore quand un plan se déroule sans accroc !

- Et moi donc... Tu sais que j'ai de la matière pour mes cauchemars jusqu'à la fin de mes jours après ce que je viens de voir ?
- Allez, relax mon ptit Basile : on a réussi ou pas ?
- Ouais... Allez j'ai besoin d'un petit café pour digérer tout ça. Tu m'accompagnes ?
- OK un double expresso sans sucre pour moi. Je te rejoins à la machine, je vais aux toilettes là : faut que je me démazoute le pingouin.

Intermezzo 2 : Fatou

Je m'appelle Fatou. J'ai 24 ans, je suis Camerounaise. J'ai fait des études de droit international et d'administration d'entreprise mais y avait pas de travail au pays. Alors j'ai quitté la mère-patrie pour la France sur un radeau avec cinquante compatriotes. On s'est échoués sur une plage, on ne savait pas trop ou on était... On avait peur que ce soit le Portugal mais non c'était bien la France. Comme en mer y avait beaucoup de requins à l'arrivée on était plus que sept. Alors on s'est souhaité bonne chance et on s'est séparés pour ne pas se faire repérer par les forces de l'ordre. On ne voulait pas être renvoyés au pays par votre ancien ministre de l'intérieur, j'ai oublié son nom, celui qui n'aime pas les rassemblements d'Auvergnats.
J'ai commencé à chercher un travail, au pays tout le monde disait qu'il y en avait plein en France mais en fait y en avait pas non plus. A cause de la crise, qu'ils disaient...
Je me suis contentée d'un boulot de femme de ménage dans une petite entreprise de nettoyage. Mon employeur, monsieur Jean-Claude, nous paye au tiers du SMIC et bien sûr il ne nous déclare pas comme on est toutes sans papiers. Quand certaines ont commencé à se plaindre pour demander une augmentation il s'est fâché tout rouge et il a dit que la première qui l'ouvrait il lui envoyait ses Tadjiks pour lui péter les articulations. Alors comme c'était un peu dur de vivre à Paris avec 350 euros par mois, je me suis dit ben j'ai pas le choix si je veux pas crever de faim comme hyène dans le désert je vais devoir faire boutique-mon-cul. C'est comme ça que j'ai commencé à travailler sur les boulevards de ma-raie-chaud du nord de Paris en complément de mon boulot de femme de ménage. Pas que ça m'amuse non plus de faire la mbock mais je me suis dit ben ma ptite Fatou c'est pas grave c'est que pour un temps, en attendant la fin de la crise, et après tu pourras trouver un travail honnête dans une entreprise sérieuse si notre seigneu' le veut. Mais ça fait

trois ans que je fais boutique-mon-cul et la crise elle est toujours pas terminée donc je continue.

Aaaah non, elle est pas rose la vie de Fatou depuis qu'elle est arrivée en France, tsssss... Il y a un an, l'entreprise de monsieur Jean-Claude a remporté un contrat de nettoyage avec un organisme public au nom compliqué. Nous on l'appelle juste l'Institut pour simplifier. Monsieur Jean-Claude il était tout fier, il arrêtait pas de dire que s'il avait remporté ce contrat, c'est parce que son entreprise JC Clean était plus compétitive que les autres. L'Institut a ses locaux dans un très grand bâtiment dans lequel la Fatou elle se perd tout le temps... Les travailleurs de l'Institut ils sont bizarres : ils ont presque tous l'air triste alors qu'ils ont un bon salaire et qu'ils peuvent pas être renvoyés. J'ai du mal à comprendre ce phénomène : ça doit être un truc culturel, un mal spécifique qui ne vous atteint que vous autres, les de souche.

Ah non en fait tout le monde n'est pas déprimé quand même : les femmes enceintes qui travaillent dans l'Institut elles sont pas déprimées. Oui, parce que y a beaucoup de femmes enceintes dans l'Institut... Combien ? Ben je sais pas, à vue de corne de rhinocéros en gros un quart des femmes en âge de se reproduire attendent un petit. Et un deuxième quart est en congé maternité, oui c'est ça...

Aaaaah, mais pourquoi je te raconte ma vie tout en arpentant les boulevards entre la Porte de la Chapelle et la porte d'Aubervilliers, hein ? Je sais pas... Tu dois avoir une tête qui m'inspire confiance...

Tiens, un client. Dépêche-toi Fatou, il faut aller l'appacher avant qu'une autre fille ne le repère. Salut mon chou, tu veux faire le sexe avec la panthère de Ngola ? Non ? Tssss, le voila qui part sur le trottoir des chinoises. Depuis qu'elles sont arrivées sur le marché elles nous piquent tout plein de clients avec leurs tarifs hard-discount. Avec les brésiliennes on leur a proposé de se syndiquer et d'instaurer un tarif minimum mais les mangeuses de nems elles ont fait semblant de pas comprendre ce qu'on leur proposait. Quand le cafard organise une fête, il ne demande pas l'autorisation à la

poule, c'est ce qu'on dit dans mon village... C'est toujours pareil avec ces gens là : ils te disent bonjour, te font des grands sourires hypocrites mais au bout du compte ils font leurs petites affaires dans leur coin et refusent de s'intégrer. Le glougloute-plantain à cinq euros et la visite de la petite bague arrière à dix euros, comment veux-tu qu'on s'aligne, mon chou ? Comment elle fait sa marge Fatou avec des prix pareils ? Et puis franchement elles sont de plus en plus nombreuses : au début elles étaient que deux et puis du jour au lendemain elles étaient soixante-dix. Pour peu on croirait presque qu'ils les font venir dans des containers... C'est un coup à voter pour le parti du vieux monsieur borgne qui dit toujours « il y a trop d'étrangers, n'est-ce paaaaaas ? »
Enfin heureusement que les chinoises elles ont des jambes de poulet et des popotins plats comme des planches à découper sinon la ptite Fatou elle aurait déjà plié boutique-son-cul. Parce que chez vous les français il y en a encore qui ont bon goût et qui préfèrent les filles bien sensuelles avec un joli débat bien galbé comme Fatou !
Mais qu'est ce que je te racontais ? Ah oui je te parlais de l'Institut. J'ai pas bien compris à quoi il servait au juste, l'Institut... Afia, ma collègue pakistanaise, elle croit que c'est juste un endroit pour aider les françaises de souche à faire des bébés parce que l'Etat juge qu'elles en font pas assez. C'est rigolo, non ? J'ai essayé de lui expliquer que non, qu'en fait c'est juste un organisme administratif mais comme elle parle pas bien le français je crois qu'elle a pas compris. J'ai aussi une collègue thaïlandaise, Sutisa, qui a toujours refusé de croire que des gens travaillent vraiment dans l'Institut. Pour elle c'est juste une sorte de fête foraine géante ou les de souche organisent des pots, des apéritifs et parfois quelques réunions sans boissons. J'ai beau lui dire « mais ça tient pas debout ton histoire Sutisa, sinon pourquoi ils passent tous leur temps à imprimer des feuilles avec des tableaux si c'est une fête ? »
Et ben Sutisa elle veut rien entendre...

Mais tout ça ne me donne pas de réponse à ma question : à quoi il sert l'Institut ?
Aaaah, voila Mamie Watta qui arrive. Mamie Watta c'est ma mère-souteneuse. C'est elle qui m'a pris sous son aile protectrice quand je suis arrivée sur les boulevards. Je lui dois la vie. Sans elle je serais déjà montée là-haut pour faire bonjour-Saint-Pierre. Alors forcément je la considère comme ma propre mère. Mamie Watta a l'âge d'être mon arrière grand-mère et elle est encore plus courte en pattes que votre président nerveux mimi-minor. Pourtant sur les boulevards de ma-raie-chaud, tout le monde la redoute. Même les gros pantalons Russes et les awasheurs Tchétchènes ils s'y frottent pas à Mamie Watta. Parce que dans le passé beaucoup ont essayé de se débarrasser d'elle mais ils ont tous mal fini.
Et maintenant ils savent bien que Mamie Watta elle est protégée par les esprits donc ils ont la peur au ventre. Tu me crois pas ? Va au cimetière demander à Grigoriev, l'ancien homme de main des Ukrainiens. Il y a dix ans il a vidé le chargeur de son bâton qui fait boum sur Mamie Watta en pleine rue. Et ben tous les témoins te le diront : Mamie elle a pas moufté. Elle était protégée par les ombres des ancêtres... Et le lendemain on a retrouvé le corps de Grigoriev dans sa chambre d'hôtel, aussi raide qu'un bobolo. Ceux qui ont vu le corps racontent qu'il portait un rictus de terreur pure sur le visage...
T'es pas convaincu mon chou ? Alors va demander à Zvonimir le tueur à gage croate, si t'as pas peur de conto avec un brouteur de niébés par la racine. Il y a deux ans il a voulu égorger Mamie devant l'épicerie d'Habib le manchot et ben crois-moi ou pas mais il a été terrassé par une crise cardiaque au moment ou il allait couper Mamie...
Alors depuis plus personne ne lui cherche des noises à Mamie. Et tous les chefs des autres clans savent bien que dans l'un des placards de Mamie il y a une petite poupée à leur effigie qui attend bien sagement son heure...

Bonjour Mamie, comment allez-vous aujourd'hui ? Oui, moi aussi on fait aller grâce au Seigneu', merci Mamie.
Non, aujourd'hui Fatou elle casse pas la cahute. Deux clients seulement, Mamie... Et l'un des deux il sentait vraiment pas bon du bangala, aaah non ! Les français ils disent fièrement qu'ils ont un fromage différent pour chaque jour de l'année et ben je sais pas si c'est vrai mais en tout cas avec ses clients français Fatou elle découvre une odeur différente de fromage chaque jour.
Mamie vérifie que mes préservatifs sont en bon état. Elle dit que c'est pas au milieu du fleuve qu'il faut vérifier l'état de sa pirogue. Elle s'occupe bien de moi Mamie, c'est une vraie mère-poule. Et puis quand les affaires ne marchent pas fort comme aujourd'hui elle me remonte le moral au lieu de me chercher des panapo.
Et voila qu'elle m'enduit avec sa décoction à base de bave de limace, de sang de chauve-souris albinos et d'écorce de yohimbe. C'est un puissant philtre d'amour que Mamie prépare pour ses filles. Avec ça, nul doute que tous les clients ils vont vouloir faire pintchap avec Fatou.
Bon, Mamie dit qu'elle doit aller s'occuper des autres filles. Oui, au revoir Mamie, que l'enfant Jésus vous garde.
Qu'est ce que je disais avant ? Ah oui, je me demandais quelle était la raison d'être de l'Institut. La seule explication que j'ai trouvé c'est que l'unique but de l'Institut est de produire des tableaux. Sans doute que tous les tableaux sont lus et disséqués par des experts dans d'autres organismes publics qui en tirent de précieuses informations pour la mise en œuvre de politiques publiques efficaces... Oui, ça doit être ça. Attends, tu vas rire : une nuit j'ai rêvé que toutes les administrations publiques de France faisaient exactement la même chose que l'Institut : que chacune d'entre elles n'était qu'une grande usine à produire des tableaux. Imagine le bazar que ce serait : le service public français ressemblerait au secteur des volailles du marché central de Yaoundé pendant le passage d'une

tempête tropicale. Ahhh arrête j'en rigole encore de ce rêve...
Yeuch, qu'est ce que tu vois là-bas ma ptite Fatou ? Ces grandes girafes qui waka dans la pénombre... Elles c'est les monsieur-dames comme dit Mamie, celles qui font boutique-mon-cul-mes-couilles. Je les aime pas trop les monsieur-dames, elles hésitent jamais à te chasser du trottoir pour t'envoyer cueillir ton manioc ailleurs. Et attention si tu ne leur obéis pas : la Fatou la dernière fois qu'elle s'est crêpé les tresses avec une monsieur-dame, elle a bien failli perdre trois dents ! Haaa non, faut pas se faire voler dans les plumes par une monsieur-dame ma ptite Fatou...
Heureusement elles sont pas toutes méchantes comme ça les monsieur-dames : y a Fanfounata ma copine sénégalaise. Avec elle on rigole bien. Fanfoun' est une monsieur-dame grande et forte comme un boxeur poids lourd. En fait elle ressemble vraiment à un boxeur poids lourd sauf que les boxeurs n'ont pas de prothèses en silicone et ne portent pas de minijupe ni de rouge à lèvre.
Quand Fanfoun' a appris qu'une monsieur-dame m'avait frappé elle est allée la voir et elle lui a dit que si jamais elle recommençait, elle n'hésiterait pas à la ndomo si fort que même sa mère pourrait pas la recadrer. Du coup maintenant les monsieur-dames me laissent tranquille. Il faut dire qu'elles se tiennent à carreau depuis l'incident du mois dernier. Tssss, je t'en ai pas conté ?
Le mois dernier Alixia, une monsieur-dame moldave, a mis une rossée à l'une des filles des tchétchènes. C'était une belle erreur, les tchétchènes faut pas farcer avec eux, haaa non, c'est pas des rigolos pleins de plumes... Alixia on l'a plus jamais revue. Boubacar il m'a dit ce qui lui était arrivé. Boubacar c'est le marabout-informateur de Mamie Watta, un peu comme Huggy les bons tuyaux dans Starsky et Hutch sauf que Huggy les bons tuyaux ne distribue pas de flyers de désenvoutement à la sortie du métro Barbès. Boubacar a des contacts un peu partout et d'après lui, Alixia a

terminé dissoute dans l'acide dans la baignoire d'Aslamov.
Aslamov c'est le chef des tchétchènes. Et quand Aslamov en a après toi, vaut mieux courir vite comme gazelle devant Léopard. Sinon tu es bonne pour le jacuzzi tchétchène.
Et chaque fois qu'Aslamov dissout quelqu'un il se fabrique un collier en dents. Depuis la disparition d'Alixia, Aslamov a un nouveau collier...
Du coup les monsieur-dames elles en mènent pas large parce qu'elles savent qu'Aslamov les a dans le collimateur.
Tiens, aujourd'hui il m'est arrivé un truc bizarre à l'Institut. Y a le petit monsieur tout ratatiné qui a son bureau au troisième sous-sol qui est venu me parler. Oui, celui qui a le haut du crâne tellement gras qu'on jurerait sur l'enfant Jésus qu'il fait un élevage de termites dans ses cheveux. Il m'a dit qu'il voulait m'offrir un verre au café « chez Gérard » en bas de la rue. Pas que j'avais envie de me retrouver en tête-à-tête avec lui mais comme je suis une gentille fille j'ai dit OK pourquoi pas. Et puis avec un peu de chance peut-être qu'il me paierait le dîner aussi.
Donc je l'ai retrouvé au café vers vingt heures. C'est étrange mais il est devenu tout rouge quand je me suis assise en face de lui. Je lui ai demandé s'il m'avait attendue longtemps et il m'a répondu que ça faisait deux heures et demie puisqu'il sort tous les jours à 17h30. Là-dessus j'ai commandé un Long Island ice tea et lui il a demandé un thé à la bergamote. Il m'a dit que l'alcool était mauvais pour la santé et que je ferais mieux d'arrêter. Il me faisait peur avec ses gros yeux derrière ses lunettes... Il me rappelait un reportage sur les tueurs en série que j'avais vu sur TF1 l'autre jour chez Mamie Watta. Après il m'a posé une question bizarre : il m'a regardée droit dans les yeux et il a dit « Fatou, est-ce que vous aimez l'aventure, les voyages, les belles voitures, et est-ce que vous seriez d'accord pour me laisser jouer avec votre petite corde sensible ? »

Là j'ai vraiment commencé à avoir peur : j'avais pas envie de finir coupée en petits morceaux dans son four, cuisinée en ndomba sauce gombo, donc je lui ai dit que j'avais un rendez-vous chez le pédicure et je suis partie. Ca m'a fait un peu de peine de le laisser planté là car au fond c'est peut-être pas un découpeur mais...
Tiens, voila un de mes clients habituels. Je vais devoir te laisser, la Fatou doit aller gagner son pain de fesses... Mais en tout cas ça m'a fait plaisir de pouvoir parler avec toi. Et surtout n'hésite pas à venir me voir un de ces jours au troisième sous-sol de l'Institut si tu veux qu'on remette ça !

MERCREDI : GROSSE FATIGUE

Rebelote : me voila comme tous les jours dans mon bureau de huit mètres carrés, en tête-à-tête avec mon tableau Excel. Ce tableau c'est un peu le symbole de mon existence : vide à 97,66%...

J'ai l'impression d'être comme le personnage incarné par Bill Murray dans le film *Un jour sans fin*. Tu l'as vu ? Oui, c'est cette histoire dans laquelle le héros est bloqué dans une boucle spatio-temporelle et revit encore et toujours la même journée. D'ailleurs, pour la petite histoire, figure-toi qu'on me dit souvent que je ressemble comme deux gouttes d'eau à Bill Murray, ce qui –tu en conviendras– fait de moi quelqu'un d'éminemment sympathique. Mais contrairement à Bill Murray je ne trouve jamais le moyen de rompre la boucle spatio-temporelle. Si tu as des suggestions je suis preneur... Comment ça, t'entraves que tchi aux subtilités du continuum espace-temps ? Décidemment tu ne m'es pas d'une grande utilité, y'a des fois où je me demande pourquoi je continue à te raconter mes histoires...

Quoi, tu me trouves un peu mélancolique aujourd'hui ? Ben ouais, j'suis déprimé : ce matin à mon arrivée au boulot je suis allé voir l'autre mollusque de Jankulovski. J'étais tellement guilleret à l'idée de recevoir mon passe pour Rome que j'ai même pas pris de précautions pour ne pas croiser Georgina. Bref, tout se passe bien, j'arrive dans la tanière de Janku et je constate qu'il pleure... Bizarre, je pensais que les invertébrés de son espèce étaient bien incapables de ressentir la moindre émotion... Bref, je fais pas plus gaffe que ça et je lui présente mon papier dûment apostillé... Et qu'est ce qu'il me répond entre deux sanglots ? Que pour que l'apostille soit valide, il faut que le document soit tamponné et contresigné par le service d'administration des cas dérogatoires. Là je commence à tirer la tronche et je lui demande un peu brusquement qui est habilité au sein de ce service pour me signer le torchon.

Après avoir consulté l'organigramme sur l'intranet il me répond que la personne en question est Barbara Gondin, directrice du service susmentionné, mais qu'elle est en congé maternité de onze mois assorti d'un sabbatique de dix-huit mois. En son absence, c'est donc Louise-Solange Boisvert-Pompadour, son adjointe, qui est qualifiée pour me signer l'avenant.
Louise-Solange Boisvert-Pompadour ? LSBP, la veuve noire... Mais c'est pas possible, c'est un cauchemar ? Louise-Solange Boisvert-Pompadour, née Solange Poireau, est la veuve de Georges Boisvert-Pompadour, le célèbre industriel qui a fait fortune dans les mines de diamant en Afrique du sud. Ce dernier est mort dans des conditions plus que douteuses il y a de cela une quinzaine d'années et ça ne m'étonnerait guère que sa chère épouse ne soit pas complètement étrangère à sa disparition. Malgré la colossale fortune de feu son mari, Louise-Solange n'a jamais jugé utile de démissionner de son travail d'assistante au sein de l'Institut : elle a préféré rester, officiellement par souci de dévouement envers l'intérêt général, officieusement pour continuer à emmerder le monde et ne pas se retrouver toute seule chez elle comme une conne à faire les mots fléchés de Télé 7 jours.
La vioque me hait depuis qu'on a rasé à blanc son yorkshire avec Robert l'année dernière pour déconner. On peut dire qu'elle ne l'a pas très bien pris : lorsqu'elle s'est rendu compte que c'était nous qui avions fait le coup, elle est venue voir Robert et après l'avoir traité de gros tas de fumier (ce en quoi je ne pourrai pas lui donner entièrement tort) elle lui a dit qu'elle allait lui compacter sa bagnole. Le gros Bob ne l'a pas trop prise au sérieux sur le coup mais la harpie elle plaisantait pas... Ce qui a sauvé la voiture de Roro c'est que Gratoune le syndicaliste a exactement la même. Du coup le pauvre Scénic de Torquemada, il a sacrément ramassé. Heureusement pour la gorgone, personne ne l'a réellement prise en flag. Enfin il y a quand même pas mal de personnes qui l'ont croisée le jour même avec une barre à mine, donc forcément il y a quelques présomptions. En tout cas Gratoune sait bien que c'est

elle qui a fait le coup et depuis il ne rêve que d'une chose : se faire la vieille peau par tout les moyens possibles et imaginables. Fallait voir sa tronche déconfite au Gratoune quand il a découvert son tas de boue tout froissé avec son pare-brise en vrac, ça valait son pesant d'or ! On a failli en mourir de rire avec Bobby. Finalement l'affaire a été classée sans suite et la délicieuse Louise-Solange Boisvert-Pompadour a jugé bon de ne pas poursuivre sa campagne de représailles à notre encontre, préférant se tenir à carreau. Depuis, elle nous voue une haine silencieuse mais tenace et je suis persuadé qu'elle attend son heure pour mener à bien sa vengeance. Autrement dit, mes chances de la voir signer et tamponner mon document sont aussi élevées que de voir un agent du Mossad danser la lambada avec un responsable du Hezbollah.

Du coup, j'ai demandé gentiment à Jankulovski s'il pouvait pas faire une exception et me délivrer mon avenant en passant outre la contresignature du papier. Comme tu t'en doutes, il m'a rétorqué qu'il ne pouvait rien faire car le règlement était clair sur ce point et qu'en gros même si je le séquestrais dans un donjon et que je le torturais pendant une semaine avec un bistouri rouillé et un CD de Lara Fabian, il ne validerait pas mon foutu papelard.

Là-dessus j'essaie de garder mon calme et je lui dis simplement :

- Louise-Solange Boisvert-Pompadour refusera de signer ce document.

- Pourquoi ? Le point 791c alinéa 5 du règlement est bien clair sur la question : toute apostille règlementaire afférente au statut des agents de l'Institut doit être validée par le service d'administration des cas dérogatoires.

- Ecoutez Alain... Je peux vous appeler Alain ?

- Oui, bien sûr.

- Je vais être franc avec vous : Louise-Solange Boisvert-Pompadour ne peut pas me saquer. Elle ne signera aucun papier pour moi.

- Ah, mais ne vous inquiétez pas. Le règlement est formel sur ce point : il est de son devoir de contresigner

et de tamponner ce document. Et je vais vous le prouver en lui passant un coup de fil sur le champ.
- Euh, je ne suis pas sûr que ce soit…
Trop tard : il était déjà en train de composer le numéro avec son téléphone en mode haut-parleur.
- Louise-Solange Boisvert-Pompadour, j'écoute…
- Oui bonjour, Alain Jankulovski au téléphone. Je vous appelle au sujet du statut règlementaire de Basile Moreau…
- L'autre tête de con ?
- Heu, non il doit y avoir erreur sur la personne…
- Si si, je vois bien de qui vous me parlez : tête de con. Mais continuez, je vous en prie…
- Heu, et bien il faudrait que vous validiez l'apostille 99-42 de l'avenant au contrat de travail de Monsieur Moreau.
- Ah grand dieux, non, je ne ferai pas ça !
- Mais madame, le règlement est catégorique : toute apostille règlementaire de classe 99 concernant le statut d'un agent de l'Institut doit être validée par le service d'administration des cas dérogatoires. Il me semble que ce point de règlement est sans ambigüité et que par conséquent vous êtes dans l'obligation de contresigner et de tamponner l'avenant de monsieur Moreau.
- Ah, je suis dans l'obligation ? Ca veut donc dire que je n'ai pas le choix ?
- Euh, oui : c'est bien cela.
- Donc si je résume la situation, vous me mettez en demeure de valider ce papier ?
- Et bien… Euh… Oui, en un sens…
- Alors écoute-moi bien espèce de ver de terre, et mets-toi bien une chose dans le crâne : c'est certainement pas un triste loser comme toi qui va me donner des ordres. Tu t'es regardé ? Va faire un tour devant la glace, qu'est ce que tu vois pauv' ringard ? Je vais te le dire : un troglodyte asocial qu'on a muré au troisième sous-sol simplement parce qu'on pouvait pas le virer. Même le dernier des mongoliens ferait du meilleur boulot que toi. Le seul point positif dans ton existence merdique c'est que t'es né dans un pays d'assistés qui protège les cafards de ton espèce au détriment ceux qui

travaillent dur comme moi. Dans n'importe quel autre pays, couille molle, t'aurais été contraint de t'installer sur un terrain vague en bordure d'une aire d'autoroute et pour gagner ta croute t'aurais dû faire des pipes à trois euros aux gros routiers moustachus qui se lavent la pine tous les 36 décembre ! Vu que t'aurais pas eu beaucoup de clients, t'aurais été obligé de faire les poubelles du Buffalo Grill d'à côté en priant pour pas te faire courser par le Doberman de la patronne. Au bout du compte t'aurais fini par crever d'une overdose de crack dans une décharge publique et on t'aurait retrouvé trois jours plus tard avec deux seringues dans le bras en train de te faire becqueter les yeux par les corbeaux. Alors ton avenant pour tête de con, tu peux te le foutre au cul !
Et sur ces bien belles paroles, la furie raccrocha. Le pauvre Janku il était tout blanc, j'avais presque de la peine pour lui... Il s'était figé sur place, comme transformé en statue, les yeux écarquillés et le combiné encore bêtement plaqué contre l'oreille. Il remuait pas d'un pouce et continuait d'écouter le bip de la tonalité. Ca a bien duré une bonne minute comme ça et à un moment je me suis dit qu'il devait faire une sorte de crise cardiaque et qu'il allait finir ses jours complètement paralysé comme l'homme-légume dans le film *Le scaphandre et le papillon*. Je ne savais pas trop quoi dire et puis j'ai hasardé :
- Alain, ça va ?
Alors il a raccroché comme si de rien était il a repris son air con habituel.
- Oui, ça va très bien, pourquoi ?
- Non, pour rien... Et concernant mon avenant ?
- Votre avenant ?
- Euh, oui, on en parlait juste à l'instant...
- Ah oui, suis-je bête. Et bien il vous faut une validation de la part du service d'administration des cas dérogatoires.
A ce moment j'ai bien cru que j'allai me jeter sur lui et lui plonger sa grosse tête d'attardé dans son aquarium, histoire qu'il fasse plus ample connaissance avec ses

poissons. Après une profonde inspiration je lui fis remarquer :
- Mais vous voyez bien que la personne en charge de ce service refuse de valider le document…
- Euh, oui…
- Et alors je fais comment moi pour avoir mon putain de papelard ?
- Il vous faut une validation de la part du service d'administration des cas dérogatoires.
- Bon OK. Merci quand même…
Là-dessus je me lève et m'apprête à sortir. Au moment où je tourne la poignée, Jankulovski m'interpelle :
- Monsieur Moreau…
- Oui ?
- Vous croyez vraiment que je suis un loser ?
J'aurais bien aimé lui dire ses quatre vérités mais la vieille tricoteuse lui avait taillé un tel costard que si jamais j'enfonçais encore le clou il aurait été capable de se foutre par la fenêtre. Je réfléchis donc un instant avant de dire :
- Non Alain, vous n'êtes pas un loser. Vous êtes juste un fonctionnaire qui fait son travail.
- Merci…
- Pas de quoi.
- Euh, monsieur Moreau, encore une chose…
- Oui ?
- Vous voulez que je vous montre mes autres tableaux ?

Là-dessus je me suis éjecté car sinon ça aurait mal tourné. Ne sachant pas trop quoi faire, je suis retourné à mon bureau et par chance je n'ai pas croisé Georgina. Et me voilà donc revenu à la case départ : Rome et ses délicieux Penne alla putanesca s'éloignent lentement mais sûrement… Tu comprends maintenant pourquoi je l'ai mauvaise ?
Sinon, ça ne te surprendra qu'à moitié si je te dis que j'ai mal dormi. J'ai rêvé que j'étais au salon de l'agriculture et que toutes les bêtes voulaient me grimper dessus pour me faire un check up de la boite à ovomaltine. Ah, et Georgina était là aussi : elle me courait après avec un couteau de cuisine à la main en

hurlant qu'elle voulait préparer un boudin blanc sauce gribiche...
Bref, une nuit apocalyptique et aujourd'hui je me sens comme une crotte de caniche séchée au soleil.
Bon, c'est pas tout ça mais il est presque dix heures et je dois partir en réunion. Normalement c'est le boss qui devait s'y coller mais il est parti à un colloque-buffet au Grand Palais. Du coup il me demande de le remplacer : comme d'hab c'est moi qui ratisse tous les plans moisis. Un grand philosophe contemporain du nom de Steven Seagal avait bien décrit ce phénomène par son célèbre aphorisme : « je suis vraiment un aimant à merde ».
Je jette un coup d'œil à l'ordre du jour : « étude préliminaire sur la mise en place d'un site internet de présentation des réalisations de l'Institut. »
Je sens qu'on va encore bien s'amuser...
Allez zou, j'emporte la première pochette de documents « divers » qui me tombe sous la main et c'est parti.
Mais où est cette foutue salle de réunion ? Tiens, qu'est ce que c'est là-bas au bout du couloir... Une silhouette décharnée qui avance au ralenti. Quoi, c'est déjà la fin du monde ? Les morts sont sortis de leur tombe comme dans l'Apocalypse de Saint-Jean ? Ah non, en fait c'est juste Sigismond Martifouette. En même temps, je ne me suis pas gouré de beaucoup en le confondant avec un mort-vivant. Je m'approche de lui et l'interpelle :
- Bonjour Sigismond. Vous allez bien ?
- Ca va, ça va... J'ai juste un peu la prostate qui danse la gigue ces derniers temps mais on fait aller. Et vous Basile, comment ça va ?
- Bah, comme un mercredi : beaucoup de boulot...
- Me prends pas pour une bille, mon pote : j'ai peut-être l'air con et la vue basse mais je sais bien que ton baratin c'est du flan en petits pots Mamie Nova !
Au moment même où Sigismond prononce ces mots avec la voix d'Eddie Murphy et que sa tête se transforme en écran d'ordinateur affichant mon tableau Excel de 128 cases, je me rends compte que j'ai une hallucination. Mais qu'est ce qui m'arrive, suis-je en train de perdre la boule ? Cette fois c'est sûr : quelqu'un a essoré un buvard d'acide dans mon ptit dèj' ! Devant

moi, le corps de Sigismond se met à fondre pendant que l'écran qui lui fait office de visage diffuse les images de Mireille Mathieu chantant la marseillaise au soir de l'élection présidentielle de 2007.
- Basile ? Ca ne va pas ?
Je reviens brusquement à moi. Sigismond me regarde bizarrement et semble inquiet. Tentant lamentablement de recouvrer mes esprits je rétorque :
- Heu... Si, ça va. Juste un peu barbouillé ce matin...
- Vous êtes tout blanc. Vous êtes sûr que ça va ? Si vous voulez je vous accompagne à l'infirmerie ?
Quand un centenaire te propose gracieusement de t'escorter à l'infirmerie, il est temps d'ouvrir les yeux et de reconsidérer ton existence...
- C'est gentil mais ça va aller.
- Vous êtes sûr ?
- Oui. Au fait, vous savez où est la salle DTC180 ?
- Juste derrière vous.
Je me retourne. Une porte. Un écriteau. DTC180.
- Merci Sigismond, je file en réunion. Bonne journée !
- Bonne journée Basile, et faites attention à vous !
Et voila l'ancêtre qui repart en clopinant.
Pfff, vaut vraiment que je me reprenne là : si je commence à voir des apparitions, autant partir direct à Sainte-Anne.
Pas le temps de cogiter sur mes déboires : je rentre dans la salle. Un aréopage de bras cassés y est déjà rassemblé : le gros Jean-Bernard, l'infâme cloporte dont je t'ai parlé plus tôt au premier chapitre. Comment ça, tu ne t'en souviens pas ? Tu le dis si je te rase !? Jean-Bernard c'est la mouche du coche qui ressemble à un mix de Guy Carlier et de Domenech et qui passe son temps à jalouser le boss, ça te dit quelque chose ? Bon, je vais pas non plus te faire un tableau récapitulatif de tous les personnages qui sont apparus jusque là : j'ai fait suffisamment de tableaux au cours de ma carrière alors tu te doutes bien que ça commence à me courir sur le haricot.
Gratoune le syndicaliste est également de la partie. C'est fascinant cette tronche de tueur psychopathe qu'il

se paye... Il ferait un très bon super-vilain dans un film de Batman...

Et puis il y a Rain Man. Je ne t'ai pas encore parlé de Rain Man ?

Rain Man, Rodolphe Lemonon de son vrai nom, recense plus de troubles psychologiques à lui tout seul que tous les occupants d'un asile d'aliénés. Aussi adapté socialement qu'un fer à repasser, le pauvre Rodolphe a rejoint le contingent des travailleurs handicapés de l'Institut il y a une quinzaine d'années. Paradoxalement c'est sans aucun doute –techniquement parlant– le salarié le plus productif de la maison. Pour peu qu'un travail n'implique pas de réflexion particulière (je te laisse deviner si la plupart des tâches effectuées dans l'administration française nécessitent –ou non– ledit travail de réflexion...), il est capable de le torcher cent fois plus vite qu'un employé lambda. Du coup certains agents de l'Institut n'hésitent pas à lui sous traiter les rares trucs qu'ils ont à faire. Moi-même, dès que le boss me demande un boulot basique, je vais le voir et en deux coups de cuiller à pot il fait le taf. Quoi ? Peu scrupuleux, moi ? Arrête ton char, c'est pas de l'exploitation : Rain Man adore travailler. Accessoirement il se souvient de tout. Oui, j'ai bien dit tout : depuis son premier biberon jusqu'à la couleur des vêtements que portaient chacun de ses collègues le 2 mars 1995 en passant par le nombre exact de cases de tableaux qu'il a remplies depuis son entrée dans l'Institut.

Du coup, Rain Man est très utile lorsqu'il s'agit d'écrire un compte-rendu. D'ailleurs, inutile de te préciser que lorsqu'il participe à une réunion, c'est pas pour faire des propositions stratégiques mais bien pour retranscrire ce qui se dit.

Huit autres sous-fifres attendent autour de la table comme des glands. Chacun s'affaire à sa façon pour masquer le vide sidéral de son existence professionnelle : pochette de documents, iPhone, ordinateur portable, Blackberry... Tous les artifices sont bons pour éviter l'anathème suprême de l'Institut : donner l'impression qu'on ne glande rien.

Seul l'un d'entre eux attend tranquillement les bras croisés sans rien faire : Bastien Laroquette. Dites-moi que je rêve... Il me sourit en plus le ptit con... Il va l'avoir sa putain de guerre...

Et bien sûr avec ma veine, la dernière chaise disponible se situe à côté de lui. Résigné, je pars m'asseoir sur ladite chaise, essayant de faire abstraction de la proximité dérangeante du jeune fanfaron.

Jean-Bernard prend alors la parole :

- Bien, nous sommes désormais au complet. Je vous propose donc de commencer la réunion.

Super, c'est Jean-Bernard qui anime. Jean-Bernard qui anime une réunion, c'est un peu comme si l'inspecteur Derrick sous Tranxène faisait un discours de quatre heures sur l'influence de la transhumance des cervidés patagoniens sur les cultures de patate douce. A n'en pas douter, si je payais une tournée générale de cigüe aux participants de la réunion, il y aurait des candidats au cul-sec.

Et voila Jean-Bernard qui allume le vidéoprojecteur et qui entame ce que tout le monde redoutait : une présentation Powerpoint. L'horrible première page de son fichier s'affiche, en orange sur fond bleu, nous envoyant instantanément l'équivalent oculaire d'une décharge de chevrotine, et nous faisant regretter à tous de ne pas être nés daltoniens.

De l'autre côté de la table, Rain Man dit :

- Ca fait mal aux yeux.

L'un des participants, Jean-Patrick Pignol, une sorte de sosie de Georges Marchais avec la coupe de cheveux de Claude François (si si, c'est possible), saute sur l'occasion et dit :

- Rodolphe a raison, Jean-Bernard, J'ai déjà un début de migraine ophtalmique là. Tu ne peux pas changer les couleurs ?

Jean-Bernard, visiblement étonné, pose son regard méprisant sur le camarade chevelu qui ose remettre en cause le côté esthétique pourtant si recherché de son travail.

Sans un mot, il commence à tripatouiller les réglages de son fichier mais décidemment il est aussi doué pour

faire un Powerpoint qu'un parkinsonien pour exécuter un triple pontage coronarien : après quinze minutes de manipulations aléatoires et de cagades en séries entrecoupées de jurons et de « mais pourquoi ça marche pas ? », Jean-Bernard, passablement énervé, déclare qu'il a fait une fausse manip et qu'il a accidentellement effacé les 25 dernières diapos de sa présentation (soupir de soulagement collectif dans la salle). Les deux mauvaises nouvelles c'est qu'il n'a pas réussi à changer les couleurs et qu'il reste 98 diapos (échanges de regards crispés dans la salle).
Sans transition, il enchaine :
- Bien, nous sommes réunis pour évoquer la pré-constitution d'un groupe de travail mixte chargé de l'étude de faisabilité de la mise en place d'un site internet de communication et de sensibilisation concernant la mission et les réalisations de l'Institut. Alors, pourquoi un tel site web ? Et bien le conseil d'administration a pris la décision d'implémenter une politique de...
Je perds le fil de la logorrhée du vil enquiquineur et je me laisse gagner par une salvatrice léthargie. Les images de Rome défilent dans mon esprit. Le Colisée, la Piazzia di Spagna, la Villa Borghese, la Fontaine de Trevi... Tout en cette ville m'attire tant...
Je perds mon regard sur l'infâme patchwork orange et bleu projeté sur l'écran. Ce mélange détonnant m'hypnotise... La voix monocorde et haut perchée de Jean-Bernard m'endort peu à peu...
- Comme le suggère la recommandation 13B de l'admirable mémorandum sur les outils de communications composites des structures publiques écrit avec brio par mon éminent confrère des Ponts-et-Chaussées Raymond Taupinière, la mise en place d'un tel dispositif de sensibilisation devrait impérativement s'accompagner d'un éventail de mesures en dix-sept volets que je vais maintenant vous présenter...
Mes paupières se font lourdes, très lourdes... Irrémédiablement, je sombre dans le sommeil...
Soudain, je sursaute. Bastien Laroquette vient de me taper discrètement sur l'épaule. L'infâme petit con, j'ai

failli avoir un infarctus, il le fait exprès, c'est sûr ! Partagé entre l'envie subite de lui mettre un coup de coude arrière sur l'arrête du pif et la curiosité d'écouter ce qu'il veut me dire, j'opte finalement pour la seconde option. Le voila qui se rapproche de moi et chuchote :
- Alors Basile, tu n'as toujours pas ton sauf-conduit 347C ?
Je ne me rappelle pas avoir abordé ce sujet avec lui. Quel est l'emmanché qui l'a mis au parfum ? Je me tourne en sa direction et le foudroie du regard. Il n'a pas l'air impressionné du tout... Attends un peu qu'on soit seul à seul, tu vas voir... Et le voila qui continue :
- De toute façon ça n'a pas d'importance, tu le sais bien. Courir après ce papelard te permet juste de ne pas te poser la vraie question. Celle qui fâche et que tu refuses de voir en face : pourquoi donc as-tu besoin de ce document pour partir à Rome ?
Bon, cette fois c'en est trop : je vais lui fracasser la mâchoire au mioche, c'est décidé. Dès qu'on sort de la salle, je lui colle une avoinée dont il se souviendra durant toute sa vie.
Vite, je dois me forcer à me concentrer sur quelque chose, n'importe quoi, pour oublier ma furieuse envie de déglinguer le portrait de ce petit branleur. Faute de mieux je me focalise sur ce que raconte Jean-Bernard :
- Evidemment l'adoption d'une telle décision, en plus de la validation devant les instances habituelles, demanderait un passage devant la commission de déontologie pour approbation. Par ailleurs je vous rappelle que nous sommes toujours en attente de la parution de deux décrets d'applications relatifs à la loi du 13 mars 2005 sans lesquels la mise en place du projet devra faire l'objet d'une procédure de dérogation par notre ministère de tutelle qui devrait prendre environ de quatre mois à un an. La conclusion de mon étude préliminaire est donc qu'il convient de sous-traiter la réalisation dudit site internet à une agence externe spécialisée dans ce type d'opération... Des commentaires ?
On entend les mouches voler. Tout le monde a déconnecté depuis bien longtemps du monologue de

Jean-Bernard, dont la question abrupte suscite quelques échanges de regards gênés entre les participants chloroformés. Jean-Patrick Pignol, encore lui, finit par prendre la parole :

- Heu, mais on n'a pas du monde qui peut se charger en interne de la mise en place du site web ? On a trois webmasters, quatre graphistes et six programmeurs web dans le service d'administration générale et de prospective appliquée, ils ne peuvent pas faire le boulot ?

De l'autre côté de la table, Jean-Pascal Gratoune, qui était curieusement resté silencieux jusque-là, manque de tomber de sa chaise, et sans prévenir se met à aboyer en direction de Pignol :

- Mais ça va pas ? T'es tombé sur la tête Jean-Patrick ? J'interviens en ma qualité de responsable du service d'administration générale et de prospective appliquée. Comme tu le sais ma supérieure hiérarchique Marie-Paule Ychinelle est en congé parental de 23 mois, et c'est à moi qu'il incombe de diriger le service en son absence. Et bien permets-moi de te dire que notre équipe fonctionne déjà à 150% de ses capacités. Nous croulons sous le boulot et le Directoire de l'Institut n'en a que faire en dépit de nos demandes répétées concernant l'allègement de la charge de travail, sans parler de la pénibilité... Tu n'es pas convaincu ? Mon collègue Rodolphe ici présent qui gère le suivi des travaux du service peut te présenter notre cahier des charges pour l'année en cours. Rodolphe ?

Et Rain Man d'enchaîner comme un robot :

- Pour l'année en cours, notre service est en charge de la maintenance de la base de données Sigma Tango Alpha, du suivi d'intégration des pages dynamiques de l'intranet, de la veille règlementaire et institutionnelle, de l'actualisation de la charte graphique, du...

Le service d'administration générale et de prospective appliquée... Ca me dit quelque chose... Mais oui ! C'est le service de Jankulovski ! Note pour plus tard : aller voir Rain Man et lui demander s'il n'y a pas moyen de court-circuiter ce bon vieux Janku au sujet du sauf-conduit. Je reprends espoir...

Jean-Bernard, un poil échaudé, coupe sèchement la parole à Rain Man :
- Merci Rodolphe mais ce ne sera pas nécessaire. Jean-Pascal, on a bien compris que ton service est en surrégime et donc ne t'inquiète pas : il n'est bien entendu pas question de faire ce travail en interne, on n'est pas une web-agency !
Pignol, qui ne baisse toujours pas pavillon, contre-attaque :
- OK mais ça va nous couter combien tout ça ?
Jean-Bernard réplique :
- J'allais y venir. Alors d'après mon estimation préliminaire, on devrait être autour de 235 000 euros hors-taxes...
- 235 000 euros au frais du contribuable ? Mais c'est énorme ! Faudra pas se plaindre si on se fait encore atomiser par la Cour des Comptes !
- Jean-Patrick, je crois que tu sous-estimes le bénéfice potentiel d'un tel outil de communication...
Je ne tiens plus, il faut que je sorte de là sinon mon cerveau va fondre et dégouliner par mes oreilles. Mais avant j'ai quand même une petite question à poser :
- Excusez-moi, une simple question. Ce site internet, il aura bien comme but de présenter les réalisations concrètes de l'Institut ?
Jean-Bernard –qui me hait cordialement du fait de mon rattachement au service de Palpatine– m'adresse un regard dédaigneux avant de répondre :
- Oui, et alors ?
- Donc il sera question de présenter ce qu'à fait l'Institut depuis sa création, c'est bien cela ?
- Oui, c'est exactement cela. Où voulez-vous en venir ?
- Et bien je me demandais juste ce qu'on allait mettre sur le site... Le contenu, quoi... Parce qu'en termes de réalisations concrètes c'est un peu le désert des Tartares, non ?
Silence général. Echange de regards nerveux... Bien joué... Je viens de violer frontalement et en présence d'une dizaine de collègues la règle numéro trois de l'Institut, selon laquelle il ne faut JAMAIS suggérer que

l'existence de l'Institut est totalement inutile à la collectivité.
Mais je m'en lustre le berlingot à la graisse de castor : qu'ils aillent tous au diable avec leurs règles tacites. Je les ai respectées pendant trop longtemps sans savoir pourquoi. Il est temps d'abattre les idoles, de sacrifier un bouc sur l'autel de l'église, de vomir dans le bénitier et de se lustrer le chinois dans le confessionnal : c'est décidé, je ne ferai plus semblant...
Je vois bien que Jean-Bernard est furax, même s'il essaie de le cacher. Il tente de reprendre le contrôle de la situation :
- Vous dites n'importe quoi Moreau. Et de toute façon ce n'est pas le contenu du site dont il est question aujourd'hui donc merci de recentrer le débat.
- Oui c'est ça, recentrez donc. Moi je vous laisse, faut que j'aille justifier mon salaire en terminant un tableau d'une importance capitale pour l'avenir de notre pays.
Et hop je claque la porte. C'est fou comme on se sent mieux après. J'aurais dû le faire bien avant en fait.
Je regarde ma montre. 11h45. Je suis crevé... Allez hop c'est décidé, je claque une demie journée de RTT. Direction chez moi pour une bonne sieste.

Intermezzo 3 : Louise-Solange

7 heures : mon réveil sonne. Je me lève et je vais servir son petit déjeuner à Poupy, mon yorkshire adoré. Aujourd'hui son menu est composé d'un tournedos de bœuf et de croquettes Caninox aux vitamines, minéraux et oméga-3 que je fais venir spécialement des Etats-Unis. La santé de mon petit Poupy n'a pas de prix, après tout c'est un être humain comme les autres...
Un brin de toilette, un thé à la menthe, deux biscottes avec une cuillérée de gelée de pétales de rose, je peaufine mon brushing...
8h45 : je suis fin prête à sortir de chez moi. Une dure journée m'attend...
Dans le hall d'entrée je croise ma voisine du dessous, Jacqueline Sancier-Ponchardin. Figurez-vous que cette vieille harengère me hait à cause de mon duplex, situé au dernier étage, bien plus spacieux, mieux exposé, et infiniment mieux décoré que son appartement. Jacqueline est la femme d'un riche boucher du 16ème arrondissement. Aaah, ne m'en parlez pas... Décidément le standing de la rue de Marignan part en brioche : maintenant, même les viandards parvenus s'y installent. Mon pauvre Georges –Dieu ait son âme– doit faire des saltos arrières dans sa tombe. Bref, passons...
Inutile de dire que je réponds à la jalousie que me porte la vieille truie par un mépris aussi profond que le grand canyon. Un coup d'œil dans sa direction suffit à me donner la nausée : elle est tellement farcie de Botox et de collagène que son visage ressemble plus à l'association d'un matelas pneumatique et d'une citrouille d'halloween qu'à une figure humaine. Franchement, mon lifting et mes micro-injections d'acide hyaluronique sont autrement plus réussis... Un sourire aussi large que celui du requin des *Dents de la mer* apparait au milieu de l'amas de graisse et de plastique qui fait office de visage à ma voisine et qui ne dépareillerait pas dans le grand bêtisier de la chirurgie esthétique :
- Louise-Solange, comment vas-tu ma chèèèère ?

Oui, j'ai oublié de vous préciser mais Jacqueline et moi nous sommes amies.
- On ne peut mieux ! Et toi ? Tu as une mine suupeeerbe !
- Meeerci, tu es reeeesplendissante toi aussi ! Quand est-ce que tu viens manger à la maison ?
- Quand tu veux, avec plaisir ma toute belle !
- Alors j'en parle à François et je te tiens au courant dès notre retour de Megèèèève dans quatre jours. On arrivera à se trouver un moment avant notre départ pour Saint-Baaaarth'.
- D'accord, à bientôt !
- Passe une meeeeerveilleuse journée ma jolie !
C'est ça, bon vent ma grosse bouée de sauvetage... Tu feras moins la maline quand un jour ta tête surgonflée explosera comme une baudruche suite à une énième piqure de Botox. Tant va la cruche à l'eau qu'à la fin elle se pourfend...
Je sors de l'immeuble avec Poupy, satisfaite de voir que l'apparence de ma chère amie ne va pas en s'arrangeant...
Et puis à force de peigner la girafe comme elle le fait, on finit par vieillir prématurément. Regardez-moi par exemple : ça fait bien longtemps que je suis dans la fonction publique, que je me dédie corps et âme à l'Institut en pensant seulement à l'intérêt général et je me porte comme un charme. J'aurais pu m'arrêter de travailler lorsque je me suis mariée avec Georges il y a trente ans... Vous croyez vraiment que j'ai besoin de ma paye minable de 1700 euros par mois ? Non, franchement ça c'est juste un peu d'argent de poche pour Poupy puisque mon capital dépasse les 80 millions d'euros. Comme je suis par essence une femme active j'ai décidé de ne pas démissionner et de continuer à travailler au nom des valeurs républicaines de notre pays. Inutile de dire qu'avec tous les incapables et autres crétins qui peuplent les bureaux de l'Institut ce n'est pas une sinécure, mais quand on aime son pays comme moi on n'hésite pas à se sacrifier pour la collectivité !

Poupy s'arrête et tend son adorable croupion vers le macadam. C'est l'heure de sa petite crocrotte matinale. Ah non, pas ici mon bébé, il ne faut pas salir le trottoir de l'immeuble de maman. Viens, je t'emmène devant le pavillon de la veuve Pouillac-Haubincourt, de l'autre côté de la rue. Je la hais, cette vieille trainée. Sa maison vaut sans doute quatre fois le prix de mon appart' et en plus la charogne se plait à parader dans sa Rolls-Royce avec chauffeur. Je peux vous dire que le jour où elle lâche la rampe, j'emmène Poupy dîner à la Tour d'Argent...
A peine sommes nous arrivés sur le seuil du pavillon de la veuve honnie que Poupy exprime sa solidarité à sa manière, en se délestant d'un magnifique colombin presque aussi gros que lui.
Allez viens mon chaton, on part au travail. Monte dans le sac à main de maman, sinon aucun taxi ne va nous prendre. Connards de taxis... Je hais leur façon tragicomique de pleurnicher sur leur sort. Et les temps sont durs, et les impôts nous tuent, et l'essence n'arrête pas d'augmenter... Bande de propres à rien, je t'enverrais tout ça à Kaboul si ça tenait qu'à moi, là-bas au moins ils se tiendraient à carreau !
Ha voila une de ces tanches qui s'arrête à mon niveau. Il fait la gueule... Etonnant !
Enfin au moins il ne risque pas de m'asséner sa liste de doléances, c'est toujours ça.
Je monte dans son tas de boue et nous voila partis pour l'Institut.
9h15 : nous sommes arrivés. Comme tous les matins le vigile pose son regard de demeuré sur Poupy et me fait signe de passer. Comme si j'avais besoin de sa permission à ce gros nigaud. Bien sûr les animaux ne sont pas admis au sein de l'Institut mais j'ai fait comprendre aux branquignols du conseil d'administration –auquel je siège– que s'ils ne faisaient pas en sorte que mon chien puisse venir avec moi dans mon bureau, ils pourraient toujours se brosser pour que je continue à verser mes 60 000 euros annuels de dons à la fondation de l'Institut. Du coup mon Poupy

bénéficie d'un passe-droit et tient compagnie à maman pendant ses heures de travail.

Comme l'ameublement standard des bureaux de l'Institut est vraiment digne d'un campement de gens du voyage je me suis permis de faire venir mes breloques pour aménager le mien : quelques meubles Stark ainsi qu'une commode Napoléon III et un fauteuil Art Déco. Pour le reste, j'ai mis le portrait géant de Poupy de un mètre par deux qu'a peint à ma demande mon ami le célèbre artiste Igor Lorenzo Patulacci Rosenthal du Plessis, avec en plus quelques tableaux d'art contemporain autour, sans oublier le Pollock que nous avions acheté avec Georges il y a de cela une vingtaine d'années...

Aaaaaah, mon pauvre Georges... Dès que je pense à toi, j'ai la larme à l'œil... Pourquoi a-t-il fallu que tu commences à fricoter avec cette jeune assistante ? La garce, elle a tout foutu en l'air ! Heureusement que j'ai mis ton téléphone sur écoute sinon comment me serais-je rendu compte que tu voulais divorcer et demander en mariage cette petite pétasse à peine pubère ?

Tu as creusé ta tombe tout seul mon Georges... Tu as choisi ton destin... Comment voulais-tu après cela que je te laisse vivre ?

Mais où en étais-je ? Ah oui, mon merveilleux bureau... Il va sans dire que l'ensemble a autrement plus de classe que les bouibouis de mes pauvres collègues... J'adore voir la jalousie s'afficher sur le visage de ces prolos lorsque je leur fais l'honneur de les recevoir...

9h20 : Je m'assieds sur mon beau fauteuil et ouvre le dossier de suivi règlementaire des décrets relatifs à l'adjonction de conditions particulières à l'octroi des aides spéciales aux communes métropolitaines assujetties à l'impôt forfaitaire sur les pylônes.

C'est parti pour mon travail de la matinée : m'assurer que les documents officiels contenus dans la pochette ont été signés au bon endroit par le responsable habilité.

9h26 : mon labeur est terminé et le téléphone sonne. C'est Alain Jankulovski, le taré du troisième sous-sol. Il veut que je signe un papier pour Basile Moreau, elle est

bien bonne celle-là ! Je hais ce connard qui a osé tondre mon Poupy avec la complicité du gros porc Robert Narlamat. Ah ça les a bien fait rire les cons ! Et ben ils vont voir... Même si je n'ai pas encore réussi à laver cet affront, j'ai juré à Poupy que le traumatisme qu'ils lui ont fait subir ne resterait pas impuni. Un jour je les empoisonnerai tous les deux lorsqu'ils s'y attendront le moins. La vengeance est un plat qui se mange froid... En attendant, il est hors de question que je valide tout document portant le nom de Basile Moreau, sauf si c'est son décret de mise à mort, ce qui n'est pas le cas en l'occurrence.
Mais voilà que Jankulovski, le nullard des profondeurs, me dit que je n'ai pas le choix et que je dois signer le papier. Du coup je me vois dans l'obligation de le remettre à sa place un peu sèchement avant de lui raccrocher au nez. Ca lui apprendra à me donner des ordres à ce larbin.
Bon, où en étais-je ? Ah oui, je venais de terminer mon travail de la matinée. Je regarde mon agenda... Pas de réunion en vue aujourd'hui.
9h30 : Me voila avec un peu de temps libre devant moi, ce qui tombe bien puisque je dois me rendre à l'assemblée des copropriétaires de l'immeuble de la rue d'Alésia dans lequel je suis propriétaire de trois appartements. Allez, viens Poupy, on va mettre un de ces boxons dans la réunion, on va pas s'ennuyer, tu vas voir ! Je sors de l'Institut sous le regard toujours aussi éveillé du vigile de sécurité.
9h50 : je débarque en plein milieu des débats de l'assemblée des copropriétaires. Comme à mon habitude je suis en retard de près d'une heure. Qu'est ce que j'aime voir leurs tronches de chimpanzés se décomposer lorsqu'ils me voient arriver avec mon fidèle Poupy, je crois que je ne m'en lasserai jamais... Durant la réunion je pose systématiquement mon véto à toutes les propositions. Quel bonheur ineffable d'emmerder cette bande d'abrutis...
11h15 : viens Poupy on s'en va. On commence à se faire pondre et de toute façon tous les votes sont passés.

Laissons nos amis gesticuler dans leur caca. Allez mon cœur, on va acheter du pain.

Lorsque je vais à la boulangerie je me fais toujours un point d'honneur à passer devant les gens qui font la queue, un peu comme à la poste mais à la boulangerie ça demande plus de technique car on attend moins. Il faut donc agir beaucoup plus prestement... Et hop, un de passé ! Ben quoi, ça te pose un problème ? Ah, c'est facile de pester contre une dame sans défense, je suis sûr que si c'est un rastacouère de deux mètres cent-dix kilos qui te double tu ne trouveras rien à redire espèce de petite lopette. Et toc ! Oui c'est ça, cinq baguettes et trois sandwichs thon-mayo s'il vous plait.

Allez Poupy, direction le Parc Montsouris : on va jeter le pain aux canards. Oui, on va là oui il y a les deux SDF près de la grande mare, j'adore voir leurs trognes de poivrots affamés quand ils me voient balancer la boustifaille aux canetons.

11h30 : Aaaah le parc Montsouris, son beau gazon, ses promenades, ses petits recoins enchanteurs... Une fois de plus Poupy a envie de faire la grosse commission. Mon dieu, comment un si petit être peut-il contenir autant de merde ? Cet animal a des subtilités topologiques qui m'échappent. Non, tu ne vas pas faire caca dans une allée mon chienchien ! Viens on va sur une pelouse. Aujourd'hui il fait beau et doux en plein mois de janvier et comme c'est mercredi il y a fort à parier que les mères de famille profiteront du rayon de soleil pour emmener leur progéniture goûter au parc. Ils n'auront pas fait le voyage pour rien. Dessert surprise : éclair au chocolat ! Ca leur apprendra à souiller les pelouses de nos beaux parcs parisiens comme des foutus gitans ! Hmmmm Poupy il est bien liquide ce popo... J'espère que nos amis les beaufs n'auront rien contre une bonne mousse au café ?

Allez hop on va à la mare ! Comme d'habitude les deux SDF sont là. Ils ont fière allure avec leurs vieux fûts constellés de taches de picrate. Pffff, ils sont complètement léthargiques ! Les trois cadavres de boutanches de pastaga Leader Price qui gisent à leurs cotés témoignent de l'ampleur de la grasse qu'ils ont dû

se coller la veille. Ca va être compliqué d'attirer leur attention...
Je me poste à une vingtaine de mètres et commence à marmiter les canards à grands renforts de poignées de pain frais. Je n'attends qu'une chose : que ces deux pochards se lèvent pour me chercher des noises. Ca me permettra de tester le taser que je me suis payé pour mon anniversaire. Vous ne pouvez pas savoir à quel point je me délecterais de mettre 100 000 volts dans les roubignolles de ces deux parasites. Mais rien à faire : ils sont aussi lessivés que l'arrière-garde de la Grande Armée en déroute et ils écrasent comme des souches dans les bras de Morphée 51. Je me rapproche. Dix mètres. J'interpelle les canards –petit petit ! –, je crie mais les deux déchets humains ne remuent pas d'un iota. Poupy, sans doute inspiré par l'odeur –mélange de sueur, d'anis et d'excréments– qui émane des deux suppôts de Bacchus, s'en va pisser contre l'arbre sur lequel ils sont adossés. Bonne initiative mon toutou d'amour mais nos deux loques humaines ne semblent pas s'en soucier : même un A380 au décollage ne les réveillerait pas, les cons ! En désespoir de cause je me mets à leur jeter les bouts de pain directement au coin de la gueule. Il n'en faut pas plus pour que quelques canards aventureux sortent de la mare et entreprennent de tortorer leur pitance à même les deux rebuts de l'humanité. Et hop un coup de bec dans les joyeuses, ça doit faire mal... Du coup l'un des deux clochetouilles s'ébroue mollement et pousse un gémissement plaintif à mi-chemin entre le couinement d'un pourceau et le cri d'Elephant-man. Ca fait tellement froid dans le dos que même les canards prennent peur et s'en retournent dans la mare ! Et le tétineur outragé de se rendormir comme si de rien était... Dégouttée, je balance les trois sandwichs thon-mayo sur les deux raclures. Flûte, voila les gardiens qui rappliquent, manquaient plus qu'eux... Comment ça, je ne respecte pas la dignité humaine ? Et la charité tu connais, ducon ? Tu sais que c'est avec mes impôts qu'on paye les clowns comme toi ? Mais oui c'est ça appelle la maison poulaga si tu veux. Entre les gardiens, les poulardoches et les deux sacs à vin sous

leur arbre, ca fera une sacrée brochette de prix Nobel, les débats vont voler haut ! Laissez-moi deviner, vous allez parler physique quantique ? Allez viens Poupy on va manger, marre des cons.
Aaah, une bonne terrasse de brasserie parisienne, quoi de mieux pour se sustenter paisiblement ? Le garçon vient prendre ma commande. Vu sa démarche précieuse, sa coupe Jean-Louis David et sa voix haut-perchée, nul doute qu'il prend sa température avec des braques. Décidemment c'est une épidémie, comment font-ils pour se reproduire si vite dans la famille de la bagouze à molette, ils se clonent les uns les autres ? Une salade du chef et un tartare s'il vous plait. Sans condiments le tartare, ça donne des aphtes à Poupy.
Il me regarde bizarrement et me dit de son petit air supérieur que la maison ne sert pas à manger aux animaux. Ben quoi, elle a un problème la virgule flottante ? Elle a jamais vu un chien manger de la viande ? Ca te choque plus que de te faire emplâtrer le kouglof par ton petit ami peut-être ? Viens Poupy on met les voiles, je suis sûr qu'ils seront plus aimables dans la brasserie d'en face.
13h30 : après un repas de qualité médiocre et une vive altercation avec le patron de la deuxième brasserie, je décide de repasser par le bureau. Je regarde le courrier interne... Rien à signaler. Pas de nouveaux documents à valider : me voila donc avec mon après-midi libre. Je vais donc prendre ma demi-journée. Comme la responsable du service est absente, je me dis qu'il est inutile de déclarer la demi-journée en question. Et puis de toute façon je travaille suffisamment dur pour ne pas avoir de comptes à rendre aux larbins des Ressources Humaines.
13h32 : à la sortie de l'Institut je croise Diane Mirolin. Elle me dit qu'elle n'en peut plus de crouler à ce point sous le travail. Après lui avoir répondu que moi aussi j'ai la tête sous l'eau, je me retiens de lui demander où elle va. C'est inutile : je sais bien qu'elle part faire les soldes...

13h38 : dans le taxi qui me ramène à la maison, je caresse tendrement Poupy. Il me regarde passionnément et son petit kiki est tout dur.
J'en connais un qui va faire un gros câlin à maman...

JEUDI : LES MASQUES TOMBENT

Il est dix heures et je suis tranquillement en route pour une nouvelle journée de dur labeur. Lorsque j'arrive au coin de la rue de l'Institut, je tombe sur le cul. Enfin, pas littéralement hein, on se comprend entre gens de bonne compagnie : c'est mon cul métaphorique qui est par terre, pas mon vrai cul, tu saisis ? Bon, laisse tomber...
De fait, il y a un branle-bas de combat pas possible en face de l'Institut : camion de pompiers, ambulance, police, SAMU, manque plus que le GIGN... Une seule explication me vient à l'esprit : quelqu'un est mort...
Intrigué, j'entre dans l'édifice et je tombe nez-à-nez avec Diane Mirolin, blanche comme un revenant :
- Salut Diane, c'est quoi tout ce bazar ?
- Basile, c'est affreux : ils sont tous dans le bureau de Louise-Solange Boisvert-Pompadour. Apparemment il lui est arrivé quelque chose de grave mais pour l'instant on n'en sait pas plus...
Comme je suis un poil curieux de savoir ce qui se passe dans le repaire de la harpie officielle de l'Institut, je monte voir...
L'entrée du bureau de la Pompadour ressemble à une ruche autour de laquelle grouillent infirmiers, pompiers ainsi que quelques agents de l'Institut affolés. Imhotep est dans l'attroupement et semble dans tous es états. Elle pose sur moi son regard de poisson trépassé et m'alpague :
- Basile, tu es au courant ?
- Heu, non, qu'est ce qu'il se passe ici au juste ?
- C'est terrifiant : quelqu'un a découpé vivant Poupy, le yorkshire de Louise-Solange...
- Quoi ? Le chien ? Découpé vivant ? Mais quel est le tordu qui a fait ça ?
- On ne sait pas... C'est Louise-Solange elle-même qui a retrouvé Poupy mutilé alors qu'elle revenait de réunion. L'agresseur lui a sectionné trois pattes...
- Trois pattes ? Pauvre petite bête...
- Oui. Et Louise-Solange a fait un gros malaise quand elle a vu ça. Elle est tombée dans les pommes et sa tête

a heurté violemment le coin de sa commode. Heureusement que Jeanine Bouson du bureau d'à côté a entendu le bruit et s'est empressée d'appeler les pompiers car sinon Louise-Solange se serait vidée de son sang...
Est-ce que je rêve ou bien c'est bien un sourire sadique qui apparait sur les traits flétris de miss Ramsès ? Cet être impie a-t-il donc un orgasme à chaque fois qu'il arrive malheur à quelqu'un ? Je serais tenté de le croire... Bon certes en l'occurrence c'est Louise-Solange Boisvert-Pompadour qui déguste donc on ne va pas non plus porter un brassard noir, mais quand même : un peu d'humanité, bordel !
Bon, c'est pas tout ça mais il faut que j'aille voir à l'intérieur. J'espère quand même que la Pompadour ne va pas nous claquer dans les pattes...
Un sympathique agent des forces de l'ordre me barre l'accès au bureau :
- Monsieur, pour l'instant l'accès est fermé. Repassez dans une heure s'il vous plait...
Improvise mon petit Basile, improvise :
- Mais je suis un proche collègue de la victime, je dois absolument la voir...
Il semble hésiter un moment puis finalement me laisse passer.
A l'intérieur de la pièce –qui, soit dit en passant, semble avoir été décorée par un babouin sous crack auquel on aurait donné accès au compte en banque de Bill Gates– une troupe d'infirmiers s'affaire autour de la Boisvert-Pompadour allongée sur un brancard.
Elle est blanche comme un cul de touriste de la perfide Albion à l'île de Ré mais elle est consciente. Lorsqu'elle me voit, ses yeux se mettent à lancer des éclairs. Heureusement qu'elle porte un masque à oxygène, sans quoi il y a fort à parier qu'elle m'aurait déjà agoni d'insultes sur treize générations. Sur la table, une masse sanglante de poils et de pansements fait l'objet de soins intensifs par un petit docteur en blouse blanche. C'est Jean-Jacques Mimoll, le médecin du travail de l'Institut, avec sa tête de maniaque sexuel et son étrange strabisme divergent. Une forte odeur de

matières fécales m'agresse les naseaux et la présence d'un coulis châtaigne sur la moquette vient corroborer cette impression olfactive.

Mimoll (faut-il le regarder dans l'œil gauche ? Dans le droit ? Je décide de fixer son nez pour ne pas faire de jaloux) se tourne vers moi et dit :

- Oui, comme vous pouvez le constater, l'animal a lâché ses intestins lorsque son agresseur lui a tranché les pattes... J'ai été appelé par la collègue de madame Boisvert-Pompadour, mais comme les pompiers ont pris la victime en main, j'ai pris la décision de m'occuper du chien. J'ai réussi a stoppé les différentes hémorragies mais l'animal a perdu beaucoup de sang. A ce stade ce n'est plus un vétérinaire qu'il faut mais plutôt un nécromancien, vous voyez ce que je veux dire ? Un peu comme dans ce film là, *Herbert West Re-Animator*. Et puis de toute façon même s'il s'en sort il pourra plus bouger donc autant le faire empailler tout de suite...

Deux mètres plus loin, Boisvert-Pompadour –qui n'a pas perdu une miette de la tirade du médecin– pousse un gémissement de terreur étouffé par le masque à oxygène.

Peu à peu, d'autres collègues entrent dans la salle. Josiane Fricouzoff, Robert et même Jean-Pascal Gratoune on réussi à se frayer un chemin à l'intérieur. Ce dernier affiche son air traditionnel de conseiller funéraire thanatopracteur mais pour qui connait un tant soit peu l'odieux personnage, sa jubilation est évidente.

Le grand phasme se dirige vers le brancard en se frayant un chemin parmi les infirmiers et fait mine de réconforter la Boisvert-Pompadour en lui adressant des encouragements qui sonnent aussi vrai qu'une tirade d'un acteur intérimaire de *Plus belle la vie*.

- Ne vous inquiétez pas, Louise-Solange, tout va bien se passer. Nous sommes de tout cœur avec vous dans cette épreuve...

De son côté, Robert s'approche de moi et pose son regard sur le chien démembré, dont l'œil vitreux et les couinements pathétiques n'invitent guère à l'optimisme quant à ses chances de survie :

- Ben qu'est ce qui lui est arrivé au petit toutou, pourquoi il ressemble à la coupe de cheveux de Djibril Cissé ?

Robert rejoint Gratoune au chevet de Boisvert-Pompadour et pose sa grosse paluche velue sur son bras, ce qui semble la plonger dans un état d'horreur indicible. A en juger par le regard révulsé de la vieille bique, on jurerait que c'est la Faucheuse en personne qui vient prendre soin d'elle.

Mon gros Bob ne semble pas remarquer cette réaction de dégout et tente à son tour de la réconforter :

- Ne vous inquiétez pas, tout va aller bien pour Poupy. Les vétérinaires font des prouesses incroyables de nos jours, vous en croirez pas vos yeux : ils vont vous rafistoler votre petite boule de poils en deux coups les gros, vous y verrez que du feu. Tenez, par exemple, la nièce de mon voisin de palier a un basset artésien qui a perdu ses deux jambes après s'être fait passer dessus par une voiture. Une vraie boucherie : elle se disait qu'elle allait faire piquer la pauvre bête pour abréger ses souffrances. Ben figurez-vous que le véto a fait des miracles : après avoir amputé les moignons du chienchien, il lui a posé un petit chariot sur le train arrière. Résultat : un adorable basset à roulettes. Bon certes c'était pas parfait parce qu'il passait son temps à chier sur l'essieu central mais dans l'ensemble ça tenait la route, y a pas.

Un brin gêné par la tournure de la conversation, je me permets de faire remarquer à mon ami ventripotent :

- Mais... Heu... Robert, le chien de madame Boisvert-Pompadour a eu trois pattes sectionnées : il ne lui en reste plus qu'une à l'avant...

- Ha... Hum, oui, ça pause un problème évident de stabilité : trois roues et une patte il pourra que tourner en rond le ptit pépère... Donc faut couper la dernière papatte et on met Poupy sur quatre roues... Et... Heu, on ajoute un moteur de voiture téléguidée et avec une télécommande, ça devrait résoudre le problème de la mobilité, non ?

C'en est trop pour Louise-Solange Boisvert-Pompadour qui perd connaissance.

Je regarde Robert, consterné. Avant que j'aie pu le réprimander, Josiane Fricouzoff s'interroge à voix haute :
- C'est horrible, qui a pu commettre un tel acte de barbarie ?
Robert rétorque :
- L'un des cuisiniers de la cafèt' est chinois, il faudrait peut-être orienter les investig...
Elle l'interrompt :
- Mais enfin Robert, tu ne peux pas être sérieux deux minutes ? C'est forcément une vengeance. Le geste de quelqu'un qui a des raisons d'en vouloir à madame Boisvert-Pompadour !
Gratoune... Même si l'implication de Boisvert-Pompadour dans la destruction de sa voiture n'a jamais été formellement démontrée, les présomptions à son encontre ont toujours été fortes. Seul manquait le mobile d'un tel acte...
Je n'éprouve aucun problème à imaginer Gratoune en train de découper vivant un yorkshire. Il faut dire que sa tronche à la Hannibal Lecter ne joue guère en sa faveur. Mais en même temps il faut bien admettre qu'il ne montre pas le moindre signe de nervosité. Enfin, tu me diras, Hannibal Lecter lui non plus ne manifeste jamais aucun signe de nervosité...
L'un des infirmiers dit alors :
- C'est bon, elle a repris connaissance. On l'embarque !
Louise-Solange Boisvert-Pompadour a retrouvé quelques couleurs. Ses yeux étincellent de haine...
Alors qu'un infirmier lui retire son masque à oxygène, elle dit :
- Pouvez-vous me donner mon sac à main, jeune homme ? Il est là, sous la table...
- Mais bien sûr madame...
Elle se met à farfouiller dans son sac Louis-Vuitton. Elle fixe Robert de ses yeux maléfiques avec une insistance démoniaque... Mon petit doigt me dit qu'un sale coup se prépare...
Soudain, d'un geste sec, elle extrait de son sac une sorte de pistolet futuriste et le braque vers Roro. Je crie :

- Tous à terre, elle est armée !
En un éclair, mon gros Bob, que jamais je n'aurais soupçonné d'une telle vivacité, bondit sur le côté tel un sumo sous amphétamines. Ce faisant il évite de justesse le projectile expulsé par l'arme de la veuve noire, qui atteint Gratoune directement à la carotide. Ce dernier se met instantanément à imiter de manière très réaliste la chorégraphie des morts-vivants du clip *Thriller* de Michael Jackson, avant de s'effondrer, sa grande carcasse filiforme secouée de spasmes.
Robert beugle :
- Oh putain, elle a un taser !
Lorsque je lui arrache son arme des mains, Louise-Solange Boisvert-Pompadour hurle comme une damnée. Je ne saurais dire s'il s'agit d'un hurlement de cruauté satisfaite, de désarroi ou de démence pure. De nouveau, elle tombe dans les vapes.
Par terre, Gratoune continue son numéro de breakdance et finalement l'un des pompiers parvient à mettre fin à la décharge électrique. Il était temps : il commençait à avoir mauvaise mine...
Les pompiers s'affairent désormais autour de lui. L'un d'eux dit :
- Préparez un autre brancard, on l'emmène aussi...

Quelques minutes plus tard, je suis en compagnie de Robert à la machine à café. Le brontosaure s'entête à me persuader que le clebs de la mère Pompadour a été découpé par le cuistot chinois de la cafèt' mais je reste dubitatif : il n'y à rien à manger sur ce yorkshire famélique. Josiane Fricouzoff et Imhotep s'incrustent joyeusement dans la conversation. Cette dernière rayonne littéralement de bonheur : on dirait presque qu'elle vient de s'accoupler, ce qui n'a pas dû arriver depuis le début de carrière d'Annie Cordy. Elle est aux anges l'embaumée : aujourd'hui il arrive des malheurs en pagaille à l'Institut. Je suis sûr et certain que cette vile créature passe son temps à prier pour que surviennent attentats, catastrophes naturelles, désastres planétaires, allocutions publiques de Brice Hortefeux et autres réjouissances... Sa présence me met presque aussi mal à l'aise que celle de la Fricou qui n'a de cesse de me dévorer de ses gros yeux qui sentent le fion.

Pas besoin d'être un pro du langage corporel pour déduire qu'elle meurt d'envie de faire un remake de l'arrière train sifflera trois fois avec ton serviteur... Visiblement personne ne lui a dit qu'il y avait une erreur de casting et que le vrai héros du film original n'était autre que mon ami Roro le singe d'une nuit d'été. Ce dernier continue de développer sa théorie du cuistot chinois aux deux miss monde qui nous font office de compagnie, lesquelles semblent également assez peu convaincues par l'interprétation du pansu poète.

Alors que le débat fait rage entre Robert et la Fricou, j'aperçois Rodolphe Lemonon à l'autre bout du couloir. Une idée me vient à l'esprit. Il faut que je lui parle. Je m'excuse auprès de ces dames en prétextant un confcall avec la sous-direction administrative interdépartementale et je rejoins Rain Man. Ce dernier porte un T-shirt Pokémon rentré dans un bas de survêtement gris comme ceux qu'on trouve en entrée de gamme chez Décathlon. Il semble dans tous ses états le pauvre. Il piétine sur place et se tape sur le sommet du crâne comme un aliéné (qu'il est, ne nous voilons pas la face). Se pourrait-il qu'il ait été traumatisé par la vision (il est vrai fort peu ragoutante) du chien désossé de la mère Pompadour ? Alors que je m'approche de lui, il se met à fredonner une chanson de Lady Gaga. Aucun doute, notre ami est proche de la rupture...

Son regard est aussi éveillé que celui d'une collégienne en train de regarder le dernier *Twilight*. Je hasarde :
- Rodolphe, ça va ?
- Le ptit chien est mort, le ptit chien est mort...
- Mais non Rodolphe, ne t'inquiète pas, il est juste... Heu, il était juste un peu abimé : le vétérinaire l'a déjà réparé.

Il se tourne vers moi, les yeux remplis d'espoir.
- Tu es sûr ?
- Mais oui, je viens de l'avoir au téléphone, tout va bien : le chirurgien a réussi à lui regreffer ses pattes. Et

devine quoi : Poupy gambade de nouveau comme un petit lapin !
Un sourire nigaud se forme sur les traits de mon collègue :
- C'est vrai ?
Fricouzoff s'approche de nous et m'interpelle de sa voix doucereuse de taulière androgyne :
- Basile, c'est terrible : le vétérinaire vient d'appeler. On vient de perdre Poupy...
Et voilà, non contente de me coller comme un avocat à une liasse de coupures de cent euros, maintenant il faut qu'elle flingue tout le travail que j'ai fait pour rassurer Rain Man. Maintenant Bibi doit rattraper le coup :
- Haha, oui, sacré Poupy : il s'est perdu dans le cabinet du vétérinaire. On sait comme il est Poupy : il adore jouer à cache-cache.
La Fricou me regarde bizarrement. Je lui adresse un clin d'œil, histoire qu'elle comprenne qu'il ne faut pas qu'elle en rajoute. J'espère qu'elle est moins demeurée qu'elle n'en a l'air car dans le cas contraire elle va probablement me corriger et dire que non : le clebs a bel et bien crevé comme une merdasse.
Ouf elle a percuté, c'était moins une...
Rain Man enchaine :
- Alors c'est sûr, Poupy va bien ?
- Oui, il n'a jamais été aussi bien de toute sa vie !
- Chouette alors !
- Hum, oui. Dis-moi Rodolphe, j'ai une question à te poser : tu te souviens d'Alain Jankulovski ?
Question conne, il est vrai, puisque Rain Man se souvient de tout...
Ce dernier hoche la tête affirmativement. Je poursuis :
- Si j'ai bien compris il travaille dans le même service que Jean-Pascal Gratoune et toi, c'est ça ?
- Oui bien sûr : le service d'administration générale et de prospective appliquée.
- OK alors dis-moi : s'il bosse avec vous, alors pourquoi son bureau est-il dans le cloa... Heu, au troisième sous-sol ?
- Parce qu'il a demandé à changer de bureau.

- Quand ?
- Le 13 novembre 1995 à 14h38.
- Merde, c'était il y a plus de quinze ans !
- Dix sept ans, un mois, 21 jours, 15 heures, 11 minutes et 32 secondes, 33, 34, 35...
- Bon OK, OK, et pourquoi a-t-il demandé à changer de bureau ?
- Je ne sais pas...
- Comment étaient les relations entre les membres du service et Jankulovski ?
Pas de réponse... Je reformule ma question, comme si je m'adressais à un enfant :
- Est-ce que les membres du service étaient tous gentils avec Jankulovski ?
- Oui, tout le monde était très gentil avec lui car chacun lui donnait plein de tableaux à faire. Sauf moi, je ne lui donnais aucun tableau à faire car j'adore faire des tableaux.
- Et y a-t-il quelqu'un dans le service qui s'adressait à lui autrement qu'en l'appelant Alain ?
- Oh oui. Moi je l'appelais toujours monsieur Jankulovski. C'est mon idole car il fait les plus beaux tableaux que j'ai jamais vus. Et Jean-Pascal Gratoune s'adressait à lui en l'appelant couille molle.
- Pardon ?
- Oui, couille molle qu'il l'appelait. Ou parfois poubelle-man. Ah et aussi de temps en temps l'étron mobile.
- Et que faisait Jankulovski quand Gratoune l'appelait comme ça ?
- 55,2% du temps il ne faisait rien. 27,3% du temps il marmonnait à voix basse quelque chose d'incompréhensible. 12,4% du temps il entamait un tableau et 5,1% du temps il quittait la salle en pleurant.
Intéressant... Voila donc comment Jankulovski a été poussé dans son placard : harcelé et poussé à bout par cette crevure de Gratoune.
Je prends congé de Rain Man et alors que je m'apprête à mettre le cap sur mon bureau, je sens une main charnue se poser sans retenue sur mon sexe.
La Fricou est à côté de moi et me malaxe lascivement le paquet tout en me dévorant de son regard de

boucanière en rut. Dans un râle cauchemardesque, elle me susurre de sa voix de trans :
- Alors mon bel étalon, qu'est ce que tu dirais de faire venir bronzer ton gros spéléo bodybuildé dans ma petite grotte de Lascaux privée ?

Une minute plus tard, alors que j'emprunte le couloir qui mène à mon bureau, Françoise m'alpague :
- Salut Basile. C'est affreux, tu as vu ce qu'ils ont fait au chien de Louise-Solange Boivert-Pompadour ?
- Oui, j'en reviens. Pas joli joli à voir... Ils l'ont salement charcutée, la pauvre bête. Quel est le malade qui a pu faire ça ?
Palpatine sort de son bureau, visiblement attiré par la tournure macabre de la conversation :
- Cette méthode de mise à mort par découpage méthodique des membres ne peut signifier qu'une seule chose...
Le voila qui s'arrête dans sa tirade d'un air mystérieux pour nous jouer le coup du vieux sage sur le point de révéler un secret jalousement gardé depuis des siècles. C'est tout le boss ça... Il ne peut pas s'empêcher de se donner en spectacle. Nul doute que s'il était né quelques siècles plus tôt, avec un physique un peu plus impressionnant et une personnalité un poil plus tranchante, il aurait pu faire carrière en tant que prophète ou de grand idéologue. Enfin ça fait beaucoup de « si » tout de même : oublie ça, tu veux ?
En tout cas, avec Françoise son petit numéro fonctionne à merveille car elle semble pendue à ses lèvres telle une préadolescente attardée devant un poster de Justin Bieber.
Visiblement satisfait du petit effet de son entrée en matière sur son assistante, le chef poursuit d'un ton de conspirateur :
- Cette méthode de mise à mort par découpage des membres a été utilisée pendant des millénaires en Chine. On l'a surnommée là-bas le supplice des cent couteaux ou encore Lingchi. Plusieurs témoins occidentaux ont assisté à une telle scène de mise à mort au détour du 19ème et du 20ème siècle. C'est d'ailleurs

pour cela que la pratique a finalement été interdite en 1905 sans quoi nos amis de l'empire du milieu continueraient joyeusement à se découper en rondelles de nos jours... N'oublions pas que depuis un millénaire ils ont passé plus de temps à se faire envahir par les mongols qu'à innover technologiquement. Pas étonnant qu'ils soient un peu sauvages... Aaaah, on a beau pester contre la colonisation occidentale et ses excès mais sans nous, la Chine serait restée un amas de tribus de dégénérés incapables de vendre autre chose que du riz et des nems. Et dire qu'ils sont en train de nous conquérir à petit feu, ça me fend le cœur... Enfin tout cela pour dire que si vous voulez trouver le meurtrier de Poupy, il faut orienter les recherches vers les chinois qui travaillent dans l'Institut, à commencer par Tang, le cuisinier de la cafétéria !

Françoise semble subjuguée et boit les paroles du boss comme s'il s'agissait du Saint-Père en personne. Quant à moi, je le connais trop pour ignorer qu'il est en train de faire une blague aux dépens de cette pauvre Françoise... Je décide de jouer le jeu :

- Oh non, chef, vous ne le pensez quand-même pas vraiment ?

Françoise me jette un regard de prédatrice, apparemment choquée que j'ose mettre en doute la sainte parole de Palpatine. Ce dernier enchaîne :

- Mais enfin Basile, ouvrez les yeux enfin ! Vous ne le trouvez pas un peu bizarre ce cuisinier chinois de la cafétéria, avec son air fourbe lorsqu'il vous dévisage ? Ca cache forcément quelque chose ! Et souvenez-vous que lorsque le SIDA a commencé à faire rage au début des années 80, on était à mille lieues de se douter que le virus est apparu suite à des rapports impies et contre-nature entre un steward chinois sodomite et un singe bonobo !

Françoise intervient dans la conversation de sa voix atone de vache candide :

- Je croyais que c'était un steward congolais ?

Une petite lueur diabolico-palpatinesque que je suis le seul à pouvoir déceler étincelle fugacement dans le regard du boss. Pauvre Françoise... C'est vraiment une

victime trop facile pour le chef... Ce dernier pose un regard réprobateur sur son assistante :
- Allons allons, Françoise, l'hypothèse du steward congolais a été écartée depuis bien longtemps par la communauté scientifique. Quelle drôle d'idée... C'est le genre d'assomption fumeuse qui est véhiculée par les fascistes du Front National et dont il est inacceptable qu'elle soit colportée au sein d'un Institut de la fonction publique. Il en va de notre mission républicaine ! Le steward était bien entendu chinois comme cela a été démontré formellement lors de tests en milieu clinique.
Françoise regarde le chef comme un chien pris en flagrant délit par son maitre en train de se délester d'un gros pyrénéen sur le canapé.
Laissant Françoise se dépêtrer avec le sentiment de culpabilité dont elle semble désormais accablée, le chef se tourne vers moi et dit :
- Bon mon petit Basile, c'est pas tout ça mais on n'est pas là pour jouer à Cluedo : il y a du travail. Je sais que vous avez beaucoup à faire en ce moment, comme nous tous, mais j'aurais quelque chose à vous confier si ça ne vous dérange pas...
- Allez-y chef : j'ai beau être complètement débordé et avoir une pile de dossiers grosse comme Michel Platini qui m'attend dans mon bureau, vous savez que je ne peux rien vous refuser. Et puis vous me connaissez : ce n'est pas un peu de travail supplémentaire qui va me faire peur...
- Très bien Basile, je savais que je pouvais compter sur vous. Vous pouvez venir deux minutes ?
Je le suis jusqu'à son poste de travail et il sort d'une boite un oiseau empaillé duquel pend bêtement un câble informatique. Tout en mettant le volatile sous mes yeux, il dit :
- Vous pourriez m'aider à installer mon cacatoès parlant USB ? Mon ordinateur ne le détecte pas et ça m'ennuierait de faire venir Amédée pour ça...

Cinq minutes plus tard, Palpatine est en train de faire joujou avec sa dernière acquisition made in China. Le plus sérieusement du monde, il enregistre des messages

sur son microphone pour que le périphérique à plumes puisse s'exprimer de la voix de son maître. Je le laisse dans son bureau pour aller méditer dans le mien. Pourquoi suis-je de plus en plus préoccupé ? Dans quelques heures à peine débutera la grande cérémonie annuelle des vœux de l'administrateur général sur fond de galette des rois et je sens que -pour une fois- il va s'y passer quelque chose...
En attendant je dois me rendre à une réunion sur les formats des tableaux afférents aux statistiques longitudinales de suivi des ressources pour l'exercice 2012.
Cette fois je ne prends même pas la peine d'emporter ma pochette « divers » ou même de quoi prendre des notes, à quoi bon ? Je sors de mon bureau et c'est parti pour une nouvelle réunion qui va changer la face du monde. Pour me donner du courage, j'essaie de me convaincre que je suis Winston Churchill sortant de sa chambre d'hôtel à Yalta, marchant solennellement jusqu'à une gigantesque salle de conférence bondée de journalistes, de ministres et de gros bonnets d'état major, à l'intérieur de laquelle m'attendent Roosevelt et Staline, prêts à décider avec moi du destin de l'humanité...
J'ouvre la porte de la salle et je tombe nez-à-nez avec la grosse Bérengère. Elle est là avec son arrière-train monumental en train de papoter avec Imhotep. Les deux ribaudes sont seules dans la salle et je m'assieds non loin d'elles. Comme à son habitude Imhotep fait la conversation en palabrant sur les malheurs et les calamités qui frappent les uns et les autres :
- ...Entre le drame qui vient d'arriver aujourd'hui à Louise-Solange Boisvert-Pompadour et la tentative de suicide de Muriel, c'est vraiment affreux ce qui se passe en ce moment... Tiens en parlant de Muriel, la pauvre, je suis allée la voir hier à la maison de repos, mon dieu c'est terrible... Tu sais ce qui lui est encore arrivé ?
- Ne me dis pas... Qu'est ce qui s'est passé ?
- Hier matin elle a fait une descente d'organes...
Au moment même où elle prononce ces paroles, un rictus de grenouille de bénitier en pleine extase

religieuse illumine ses traits décatis. Ca ne fait plus aucun doute pour moi : le malheur des autres lui provoque des accès de jouissance. Remarque, si elle devait compter sur la méthode traditionnelle pour prendre son pied, elle pourrait tout aussi bien attendre que les pyramides s'effondrent car il ne doit pas y avoir des masses de candidats au culbutage de la ratatinée.
Bérengère devient livide. La sortie d'Imhotep l'a touchée de plein fouet... Avec sa panse digne d'un sumo en phase de prise de masse et sa peau diaphane presque translucide, elle ressemble plus à une poche d'abats ambulante qu'à un être humain... Et forcément elle sait parfaitement qu'elle n'échappera pas elle non plus à une bonne descente de matrice dans les règles de l'art, si ce n'est pas déjà fait.
Imhotep jubile. La réaction de Bérengère vient de lui procurer un orgasme à répétition.
Sans attendre, la momie émoustillée poursuit :
- J'ai entendu le médecin dire à son collègue que c'était l'un des pires cas de prolapsus qu'il ait jamais vu. Il a parlé d'un hystérocèle de classe trois doublé d'un rectocèle aigu avec effondrement radial généralisé du péritoine. Comme je n'y connais rien, je lui ai demandé ce que cela signifiait et il m'a répondu que pour parler clairement Muriel avait littéralement lâché son utérus et une bonne partie de son gros intestin par son orifice vulvaire...
Du blanc, Bérengère vient de passer au bleu. Je lui donne moins de cinq secondes avant de tourner de l'œil. Quand à Imhotep, je constate à l'expression extatique de son visage défraîchi que la réaction de sa collègue la plonge dans un état de volupté proche du nirvana.
A ce moment, comme je l'avais prévu, Bérengère s'affale comme un gros hippopotame auquel on aurait retiré sa colonne vertébrale.
Je me précipite pour tenter de la rattraper au vol et tant bien que mal je parviens à lui éviter de se fracasser le crâne par terre. Elle est un peu moins lourde que je ne le pensais (ben oui pardi : la graisse est plus légère que les muscles, et comme elle est entièrement dépourvue de ces derniers...) mais son corps est tellement adipeux

qu'il me glisse des mains : impossible de trouver une prise valable sur cette crème renversée humanoïde. Au prix d'un effort surhumain, je parviens à l'allonger sur le sol tout en gardant sa tête posée sur l'un de mes genoux.
Imhotep n'a pas bougé d'un iota depuis le début de la scène. Elle tente manifestement de m'adresser un regard reconnaissant mais son interprétation est aussi crédible qu'une tragédie grecque avec Franck Dubosc dans le rôle principal. Son sourire de faux-derche odieusement exagéré me donne envie de la vaporiser au lance-flammes. Après quelques secondes d'hésitation elle finit par dire d'une voix aussi mielleuse que le garde-manger de Winnie l'ourson :
- Dieu merci Basile, tu as empêché qu'un nouveau malheur ne se produise...
- Oui, j'espère que tu ne m'en voudras pas ?
- Pardon ?
- Non, laisse tomber...

Peu après, les secours déboulent à l'Institut pour la deuxième fois en moins d'une heure et Bérengère est elle aussi évacuée pour être placée en observation.
Finalement la réunion peut débuter avec tous ses participants.
A ma grande surprise, Jean-Pascal Gratoune est là lui aussi. Il n'a pas l'air en grande forme et il est parcouru de spasmes, comme s'il était encore sous le coup de la décharge d'électricité que la mère Boisvert-Pompadour lui a collée. D'ailleurs je constate que personne ne se risque à lui serrer la main, sans doute par peur de se prendre une bourre.
Jean-Patrick Pignol s'approche de lui et demande :
- Alors Jean-Pascal, heu... Ca va mieux ?
- Ca va, ça va... Heuaa... Hiiign...
- Tu es sûr ?
- Mais oui, puisque je te le dis... Heuaa ! J'ai dit aux pompiers que je n'avais pas besoin d'aide et que je remontais pour aller trava...
A ce moment précis un vacarme assourdissant nous fait tous sursauter : la foutue alarme à incendie...

Décidemment, quelle journée... Enfin, c'est sûrement un exercice comme d'hab : allez zou, tous dans la grande cour de l'Institut...
En bas, dans une foule compacte, j'aperçois Robert. Profitant de la confusion de l'attroupement géant, le gros dégueulasse s'est faufilé juste derrière Clotilde, la petite stagiaire des ressources humaines, et se frotte contre elle comme un gros toutou en rut affairé contre la jambe de son maitre. Au bout de quelques secondes de cet épouvantable manège, la pauvre petite finit par s'en rendre compte et part sans demander son reste pour se mettre à l'abri du pourceau à l'autre bout de la cour. Mais pourquoi faut-il que ce gros vicelard soit mon unique pote dans tout l'Institut ?
Il m'aperçoit et vient dans ma direction. Le voila qui dit :
- C'est moi ou ça sent le cramé ?
J'hume l'air. Le con, il a raison, y'a vraiment le feu ! Ce ne serait donc pas un exercice ?
Le voila qui se met à renifler comme un cochon truffier et me fait signe de le suivre.
Nous quittons la cour par une petite porte dérobée et Roro éructe :
- Ca vient du parking...
Au moment où nous ouvrons la porte dudit parking, une épaisse fumée noire déferle sur nous. Protégeant tant bien que mal nos nez sous nos chemises, nous entrons dans le parc de stationnement. Une voiture en flammes... Le Scénic de Gratoune !
Voila justement Gratoune qui surgit à côté de nous. Constatant que son véhicule est en train de subir un tuning à la mode afghane, le voila qui pousse un cri déchirant... Il aperçoit alors un extincteur et se précipite dessus. Il imagine sans doute pouvoir limiter les dégâts... Il court comme un damné en direction de sa bouse ardente et à ce moment Robert dit :
- Merde, le con, il s'approche un peu trop quand même...
Et alors que Gratoune retire la goupille de l'extincteur et s'apprête à asperger le brasier de neige carbonique, le réservoir du véhicule maudit explose bruyamment,

transformant Torquemada en torche humaine. Décidemment c'est pas son jour...
Et mais... Qu'est ce qu'il fout ? Il se rue sur nous en hurlant !
Plus prompt que moi à intervenir, Robert retire sa gabardine et intercepte le bouillonnant syndicaliste façon Jonah Lomu. Aille, ça doit faire mal ! Mon gros Roro y est allé un peu fort mais au moins il a réussi à éteindre les flammes en couvrant Gratoune avec son vêtement.
Ce dernier a perdu ses sourcils ainsi que le peu de cheveux qu'il avait mais dans l'ensemble les dégâts ont l'air d'être limités à quelques brûlures superficielles. En revanche, il est complètement hagard comme s'il venait de se faire bourrer le portrait par Mike Tyson en personne. Il faut dire que ça doit faire drôle de se prendre les cent-trente kilos de Robert lancés pleine bille en travers de la couenne.
Gratoune se met à balbutier d'une voix de dément :
- Pompadour... Vieille salope... J'vais m'la faire... La garce...
Robert essaie de le calmer :
- Non mon pote, la vioque a été embarquée à l'hosto. Tu peux être sûr que c'est pas elle qui a fait le coup...
Bien sûr Robert a raison. Boisvert-Pompadour n'a pas pu déjà revenir en un laps de temps aussi court pour incendier le Scenic de Gratoune. Mais alors...
Mais c'est bien sûr ! Je me tourne vers Roro :
- Gros, emmène-le dans la cour, c'est dangereux ici avec les fumées toxiques. Et le feu peut se propager aux autres voitures. Je te laisse, faut que j'aille voir quelqu'un d'urgence !
- C'est ça lâcheur, laisse-moi deviner : tu vas voir ta maitresse et tu me laisses faire le sale boulot ?
- J'aimerais bien mais malheureusement j'ai plus urgent à faire. On se retrouve tout à l'heure pour la galette des rois !
Et ni une ni deux, je me mets en route pour le cloaque...
Cinq minutes plus tard, me voila en train d'arpenter la coursive d'abri-antinucléaire soviétique des années

soixante qui mène au bureau d'Alain Jankulovski, mon suspect numéro un.
J'entre dans son trou à rat sans prendre la peine de frapper à la porte. Une vague odeur d'essence règne dans sa tanière...
Le tableauphile sociopathe est bien là, en train de donner à manger à ses poissons. Détail étrange : il porte un bandeau rouge à rayures blanches qu'il a noué autour de son front. Il se retourne vers moi le plus calmement du monde. Il semble différent, beaucoup plus serein et sûr de lui que les dernières fois où je suis allé le voir. Et une lueur de défiance illumine son regard...
- Monsieur Moreau, quel plaisir de vous voir. En quoi puis-je vous être utile ?
- Alain, mais qu'est ce que c'est que ce sketch enfin ? Qui vous a dit de mettre ce bandeau autour de la tête, vous ressemblez à un kamikaze de bureau...
Un grand sourire de violeur de gallinacées apparait sur ses traits disgracieux. Le voila qui prend la parole d'une voix étonnamment assurée :
- Bien vu monsieur Moreau... Au Japon, ce bandeau est appelé un *Hachimaki*. C'est un symbole de persévérance et d'accomplissement qui était effectivement porté par les kamikazes lors de la seconde guerre mondiale... Et aujourd'hui c'est à mon tour de le porter !
- Mais Alain, vous avez pété un boulon ou quoi ? Vous pouvez me dire pourquoi vous avez transformé le chien de la Pompadour en sashimi ? Et qu'est ce qui vous a pris de foutre le feu à la voiture de Gratoune ?
- Toujours aussi perspicace monsieur Moreau... Je suis admiratif à vrai dire... Mais en plus de l'admiration que j'éprouve à votre égard, je vous suis reconnaissant. C'est vous qui m'avez ouvert les yeux, Basile. Je peux vous appeler Basile ? C'est grâce à vous si j'ai osé tenter ma chance avec Fatou, l'autre soir... Certes, j'ai bien vu que je ne l'intéressais pas et je souffre le martyre à l'idée que jamais je ne pourrai la serrer dans mes bras mais au moins j'ai surmonté mes craintes et j'ai enfin osé quelque chose dans ma vie... C'est une sensation grisante que j'ignorais totalement et je me sens un

homme nouveau... Tout ça, c'est grâce à vos encouragements, Basile. Et depuis hier je me suis promis de réaliser tout ce que j'ai toujours rêvé de faire...
- Et vous rêviez de découper le chien de Louise-Solange Boisvert-Pompadour ? Incendier le véhicule de Gratoune je comprends encore mais le charcutage du clebs c'est l'œuvre d'un détraqué du bulbe !
- Ca lui apprendra à cette vieille peau de m'avoir traité comme un sous-homme ! Elle connait désormais la colère d'Alain Jankulovski, le fléau de la fonction publique !
- Vous êtes complètement détraqué, mon vieux... Et qu'est ce que vous comptez faire d'autre aujourd'hui ? Mettre le canari de l'Administrateur Général au four micro-ondes ?
- Très drôle Basile... Ce que je compte faire aujourd'hui ? Hum, vous allez rire... Ce sera mon chef d'œuvre, mon ascenseur vers la gloire... Ah mais suis-je bête : j'ai un coup de fil urgent à passer. Vous permettez ?
- Je vous en prie...
Il s'empare du combiné et compose un numéro :
- Oui, bonjour, comment ça va ? Bien, bien, merci. Vous pouvez me passer votre collègue, s'il vous plait ? Merci... Oui, bonjour, je vous appelle pour vous dire que Basile Moreau est là... D'accord... Merci !
Et il raccroche. Je suis interloqué :
- Alain, qui avez-vous appelé ?
- Une de vos admiratrices.
- A quel jeu jouez-vous, bon sang ?
- Je ne joue pas Basile. Je ne joue plus.
- Alors, qu'allez-vous faire aujourd'hui ?
- Ah oui c'est vrai, j'étais sur le point de vous raconter... Et bien disons que je prépare une petite surprise pour la galette des rois de cette après-midi... Désolé de ne pas pouvoir vous en dire plus mais j'aime bien ménager mon suspense.
- Alain, désolé d'être direct mais vous avez complètement fissuré votre slip. Si vous vous imaginez que je vais vous laisser l'opportunité de mettre le bordel

comme vous l'avez fait ce matin, vous vous foutez le doigt dans...
A ce moment, la porte s'ouvre à une vitesse supersonique et part s'encastrer dans le mur, manquant de peu de me transformer la face en gelée de groseille.
Georgina et Amédée se tiennent sur le seuil de la porte. Madame sasquatch a l'air furax. Quant à son nabot de compagnie, il répand une odeur de zébu à se faire hara-kiri. Me voila dans de beaux draps...
Janku dit alors :
- Bonjour Georgina. Basile Moreau ici présent vient d'avouer le meurtre de Poupy, le yorkshire de madame Boisvert-Pompadour...
Sur le coup, je suis trop abasourdi pour répondre quoi que soit. C'est alors que la fiancée du yéti me saute dessus et m'agrippe par le colbac.
Elle se met à hurler, sa grosse tête velue à une poignée de centimètres de mon nez :
- Alors espèce de malade mental, tu vivisectionnes les pauvres'nanimaux sans défense maintenant ? S'il y a bien un truc que je déteste c'est les timbrés dans ton genre qui torturent et qui tuent les'nanimaux ! Tu vas le regretter amèrement, on va te refaire la bobine façon Abu Ghraib !
- Mais enfin ça va pas ? C'est l'autre zinzin ici présent qui a dessoudé le clébard ! Il vient de me l'avouer il y a moins de trente secondes en maintenant le voila qui m'accuse ! Non mais regardez-le un peu avec son bandeau de kamikaze, vous vous rendez pas compte qu'il a perdu la boule ?
- Tais-toi pauv'sadique ! C'est un peu facile comme excuse le coup du « c'est pas moi, c'est lui ». Miroir magique ! Tu te crois où ? Dans la cour de récré ? Tu nous prends pour des demeurés ? Comme par hasard le chien a eu trois pattes coupées, trois ! Ca t'évoque rien, dugland ?
- Euh, quoi ?
- Voila, j'en étais sûre : tu continues de te payer notre poire et de jouer les victimes innocentes. Manque de pot pour toi on voit clair dans ton jeu. Trois pattes

coupées... La Commission Trilatérale... Trois : le chiffre des Francs-Maçons... Les trois sommets de la pyramide des Illuminatis, tu veux me faire croire que c'est une vulgaire coïncidence peut-être ?
- Une pyramide, ça a cinq sommets...
- Ta gueule ! N'essaie pas de m'embrouiller !
La voila qui resserre son emprise sur mon cou. Avec ses mains d'assommeur de bœufs, elle va m'étrangler si elle continue comme ça...
Je parviens tout de même à articuler :
- Georgina... Ne vous trompez pas de coupable... C'est Jankulovski qui a tué le chien... Et si vous ne l'arrêtez pas, il va commettre l'irréparable aujourd'hui...
- Boucle-la j'te dis ! Alain ça fait plusieurs années qu'on le connait. Il ferait pas de mal à une mouche, tu comprends ? Allez, maintenant tu viens avec nous, on va te montrer quel sort on réserve aux salauds de ton espèce. Amédée, le ruban adhésif s'il te plait...
En une fraction de seconde, madame Hulk me balance au sol comme un fétu de paille et me colle un genou sur les omoplates pour m'empêcher de bouger. J'ai l'impression qu'un bulldozer est en train de me passer dessus... Pendant ce temps, Amédée s'affaire à m'enrouler du gros scotch autour de la tête. J'essaie de me débattre mais c'est peine perdue : en moins de quinze secondes, me voila bâillonné...
Georgina me relève sans ménagement et dit :
- Bon allez maintenant tu nous suis. On va tellement t'amocher que tes petits copains du complot des Illuminatis te reconnaitront pas quand t'iras chialer chez eux.
- Grmmmmff !
- Quoi, qu'est ce que tu dis ? Je comprends pas... Articule !
A quoi bon lutter ? La pugiliste hirsute me transporte sous son bras droit avec autant d'aisance que si j'étais un ballon de rugby. Même si par miracle je parvenais à me dégager, elle me rattraperait en me pétant deux ou trois côtes au passage. Mieux vaut que je garde mes forces pour plus tard, en espérant qu'une opportunité d'évasion se présentera...

Nous arrivons dans le bureau que se partagent Georgina et Amédée. L'odeur de furet malade de ce dernier imprègne totalement la petite salle et je réprime difficilement un haut-le-cœur...

A peine la porte refermée, Georgina me balance sur une petite chaise à moitié pourrie et me maintient assis dessus pendant que le nain diabolique me ligote avec son rouleau de gros scotch en poussant des gémissements de bête sauvage.

Et dire que je prenais Jankulovski pour un débile léger, ben on peut dire qu'il m'a bien roulé...

Georgina me toise haineusement et me jappe au ras du museau :

- Je dois m'absenter un moment... J'vais acheter un fer à souder à la quincaillerie de Kader. Surtout, si on te demande pourquoi j'ai besoin d'un fer à souder, tu dis que tu sais pas hein ? Tu verras, tu comprendras tout à l'heure... J'en ai pour un quart d'heure. En attendant Amédée te tiendra compagnie. Tu vas voir il est très sympa quand on le connait un peu, mais il aime bien faire des suçons. N'hésite pas à le repousser s'il t'embête... Ah mais non c'est vrai, tu peux pas puisque t'es attaché... C'est balaud... Bon allez je vous laisse, soyez sages...

Et elle s'en va en claquant la porte. Me voila ligoté, seul en compagnie du leprechaun malodorant qui me fixe de son regard de résidu de fausse couche oublié dans un bocal de formol.

Le lutin de cauchemar s'approche de moi et me dévisage avec son œil qui dit merde à l'autre. La tronche de têtard du petit mongoloïde est maintenant à moins de dix centimètres de mes naseaux, quelle vision insoutenable ! Un abondant filet de glaire pend mollement de son nez : pourvu qu'il ne tombe pas sur mon futal ! Le voila qui meugle :

- T'as pas intérêt à fai'l'malin sinon tu va voi'ç'qu'arrive, compris ?

L'haleine du nain... Oh, cette haleine... Les mots sont impuissants à décrire ce relent méphitique, mélange pestilentiel de matières fécales gastro-entéritiques et de

dégueulis d'ivrogne. Je suis à deux doigts de tomber dans les pommes...
Heureusement le hobbit galeux s'éloigne et s'installe devant son ordinateur, puis se met à taper rageusement sur son clavier immonde qui regorge de déchets alimentaires divers, de croutes de sang séchées et de crottes de nez séculaires.
Que faire ? Il faut que je m'éjecte de là avant le retour de Xena la guerrière sinon je suis bon pour finir en kebab humain.
J'essaie de me défaire de mes liens... Peine perdue : je suis ficelé comme un rôti de porc aux pruneaux. A peine suis-je capable d'atteindre la poche de mon blouson mais à quoi ça m'avance ? Je tâte quand même à tout hasard. Tiens, c'est quoi cette boite ?
D'un coup la mémoire me revient : l'étui pénien clouté de Josiane Fricouzoff !
Voila ma dernière chance... Maladroitement je tâtonne et je m'évertue à extraire le cock-ring de sa boite. Au bout d'une minute d'efforts acharnés c'est chose faite.
A trois mètres de moi, le mini-informaticien déliquescent est toujours absorbé par sa tâche et n'a rien remarqué. Malgré le peu d'espace dont je dispose, j'entreprends d'attaquer le gros scotch à l'aide des clous acérés du sex-toy providentiel de la Fricou.
Encore un petit effort... Bingo ! J'ai maintenant assez d'espace pour bouger l'avant-bras. Si tout se passe bien, dans vingt secondes je suis libre...
Soudain, Amédée se tourne vivement vers moi. Je suis repéré...
S'engage alors une course contre la montre : je me débats avec l'étui pénien pour venir à bout de mes derniers liens alors que le semi-homme se précipite sur moi en émettant des grognements d'épileptique passé à la gégène. Oh le con, il essaie de me mordre la jambe ! Aille, ça fait mal !
Manque de pot pour le placenta humanoïde toujours affairé à me ronger le mollet, je parviens à me libérer complètement et à lui asséner un bon coup de latte en travers de la gueule.

Le voila qui bat en retraite la queue entre les jambes comme la sous-merde qu'il est et part se mettre en boule sous une table basse.
Alors, qui rigole maintenant, triste larve ? C'est pas l'envie qui me manque de t'exploser ta carcasse d'invertébré à coups de Weston mais bon j'ai d'autres chats à fouetter... Et puis Georgina peut revenir d'une seconde à l'autre.
Sans tergiverser je quitte la tanière des deux créatures et me rue sur le bureau de Janku. Le con, il va m'entendre... J'ouvre la porte avec fracas et... Il a disparu.
J'aurais dû m'en douter...
Allez, surtout ne pas trainer dans les parages, je remonte à la surface : couloir obscur, escalier étroit, embranchement incertain, ascenseur merdique...
Alléluia : me voila de retour sain et sauf dans le grand hall de l'Institut.
Il faut que je prévoie un plan de bataille pour empêcher Jankulovski de mettre ses menaces à exécution mais pas ici : la valkyrie peluchée peut revenir d'un moment à l'autre et elle est tellement chtarbée que ça ne la gênera pas de me poutrer la gueule en public.
Alors direction la brasserie des sports au coin de la rue, là-bas je ne risque pas de me faire repérer, enfin j'espère...
Je me pose à une table et commande une entrecôte frites et un verre de Chablis.
Tout en sirotant le divin breuvage je me demande pourquoi je suis si convaincu que Jankulovski vient de basculer en mode Charles Manson...
Plus encore que son bandeau ridicule il y a quelque chose qui me colle la chair de poule dans son regard : la lueur de celui qui n'en a plus rien à cogner et qui est prêt à tout...
Bon maintenant je fais quoi ? J'appelle la police ? Super, et je leur dis quoi ? Que j'ai un collègue qui a mis un bandeau de kamikaze et que je suggère fortement qu'ils le mettent en garde à vue pour lui remettre les idées en place ? Ils vont bien se marrer les poulets, ils doivent pas l'entendre souvent celle-là...

Non, malheureusement je vais devoir régler ça tout seul comme un grand avec les moyens du bord qui se résument à ma matière grise et à mon fidèle anneau pénien clouté.
Mais quel est le plan d'attaque ? Retourner dans le cloaque pour tenter d'intercepter Janku ? Non malheureux : beaucoup trop dangereux... Si Georgina m'alpague elle se montrera sans pitié cette fois et je risque de finir comme Mel Gibson dans *Braveheart* : trop peu pour moi...
Alors, que faire ? Je suis interrompu dans ma réflexion par les sanglots d'un pauvre type au bar.
Je jette un œil : mais c'est... Bastien Laroquette ? Bon dieu, il pleure comme une madeleine. Ben alors le bleu, t'as un problème ? En temps normal je me délecterais du spectacle de ce jeune lécheur de raies en train de se morfondre mais là curieusement il me fait de la peine. Qu'est ce qui peut bien lui arriver ? Intrigué je me lève pour le rejoindre.
- Bastien ? Un petit coup de blues mon gars ?
Le gamin larmoyant se tourne vers moi, la mine déconfite, et bredouille entre deux hoquets :
- Ah Basile... Je suis au bout du rouleau : ma candidature au ministère a... A été rejetée...
Pauv'mioche. A cet instant mon animosité à son égard s'est entièrement volatilisée. Je suis sincèrement attristé pour le bizut. Je tente de le rassurer :
- Bah t'en fais pas : c'est pas parce que t'es rejeté une fois que tu peux pas retenter ta chance, tu verras avec un peu d'opiniâtreté...
Il m'interrompt :
- Non, c'est mort. Aujourd'hui je viens brusquement de réaliser que mon destin est tout tracé : je suis... snif... Je suis condamné à travailler pour l'Institut jusqu'au jour de ma retraite ! Et le jour de ma retraite dans presque un demi-siècle je me rendrai compte que j'ai trop peur de quitter la maison car ce serait comme accepter ma propre fin... Alors je resterai travailler jusqu'à ma mort comme Sigismond Martifouette et les autres fantômes...

- Mais non enfin, y a pas de fatalité : pourquoi ne pas tenter ta chance dans le privé ?
Il me regarde avec une leur d'épouvante dans les yeux :
- Le... Privé ? Mais tu sais très bien que sans piston les jeunes diplômés comme moi restent sur le carreau. Dans le meilleur des cas on est embauché comme stagiaire et on le reste pendant cinq ans avant de débuter au SMIC...
- Hum, pas faux...
- Non je te dis, c'est cuit : je serai un engrenage de l'Institut ad vitam eternam...
- Ecoute-moi bien blanc-bec : ton destin n'est pas écrit. Si tu restes dans cette maison de dingues, ta vie sera un long et douloureux naufrage. C'est ce que tu veux ?
- Mais je n'ai pas d'alternatives !
- Oh que si : prends le large. Tente ta chance à l'étranger. Si tu restes ici tu couleras avec le Titanic.
- Mais de quoi tu parles Basile ? J'ai du mal à te suivre...
- Ptit gars, le pays est en train de sombrer. Prends ton sac à dos, dis au-revoir à ta famille et va-t-en en Asie ou en Amérique du Sud, le futur est là-bas.
- Quoi ?
- Tu m'as bien entendu : si tu ne veux pas moisir à petit feu comme moi, sois un homme : rassemble tes économies et éjecte-toi du vieux continent. Tu pourras toujours trouver un job de barman ou de serveur pour débuter, avant de te lancer dans un truc plus ambitieux... T'es pas con, tu réussiras !
- Mais enfin, je ne peux pas faire ça...
- Pourquoi ?
- Snif, j'ai...
- Quoi ?
- J'ai... Peupeu...
- DIS-LE !
- J'ai peur !
Voila que l'envie de lui mettre des claques me revient. J'essaie de sauver son derche de morveux des tourments éternels de l'Institut, je lui donne un conseil digne du vieux sage de la montagne et il me répond

quoi ? Qu'il a peur de sortir de son sinistre destin de gratte-papier...
Et il continue de chialoter... Au détour de deux sanglots il articule :
- Basile, je peux te poser une question ?
- Vas-y pleureuse, te prive pas.
- Ca fait combien de temps que tu travailles dans l'Institut ?
- Ca fait exactement... Attends, je passe aux toilettes faut que je mouille une tuile.
Merde, ça fait combien de temps au juste ? J'ai un doute là...
Je me regarde dans le miroir des toilettes... Ces quelques cheveux blancs, ces rides éparses... Bah, qu'importe : ça plait aux femmes si j'en juge par mon petit succès personnel.
Je sors des gogues et m'apprête à rejoindre Bastien au bar lorsque je constate que ce dernier a disparu... Le ptit con : il me plante au milieu d'une discussion alors que j'essayais de l'aider. Aucun respect pour les ainés...
Je retourne m'asseoir à ma table pour terminer mon entrecôte. Un coup d'œil à ma montre : quatorze heures. Les vœux de l'administrateur général et le grand après-midi galette des rois vont pouvoir débuter. Basile, il est temps de sauver l'Institut...

Tous les agents de l'Institut sont réunis dans la grande salle de conférence T-1000. Pour cet évènement, tous les parents sont invités à venir accompagnés de leurs charmants bambins, et donc forcément c'est un joyeux bordel : ça hurle, ça pleurniche, ça jacasse...
Pour l'occasion, le service communication de l'Institut a mis les petits plats dans les grands : pantagruélique buffet de petits fours avec vin et champagne, piscine à balles pour les marmots, majordomes en smoking avec nœuds-papillon... Autre nouveauté cette année : ils ont engagé des saltimbanques pour faire l'animation. Clowns, jongleurs, arlequins, et même un joueur d'orgue de barbarie avec un petit singe sur l'épaule et une tête de poivrot à faire passer Gainsbourg pour un buveur de Contrex.

Au bout du compte plutôt sympa comme ambiance : l'Etat devrait embaucher ce genre de polichinelles déconneurs à temps plein et les faire patrouiller dans les couloirs de tous les organismes administratifs, ça boosterait le moral de tout le monde et cette atmosphère de carnaval ne dépareillerait pas avec ce qui se passe réellement dans le service public. T'es pas d'accord ?
Car au fond si tu enlèves tous les voiles d'hypocrisie, tous les faux-semblants, tous le filtres de tartufferie, l'administration française c'est un peu ça : des cohortes de clowns (tristes), de mimes et de jongleurs... Ils continuent leur numéro d'ombres chinoises pour que le grand chef du cirque –un vieillard bienveillant, obèse et sénile– continue de leur envoyer leur chèque à la fin du mois.
Je suis distrait de mes pensées par le son cristallin de la voix d'une petite fille qui demande à sa mère :
- Maman, c'est ici que tu travailles ?
- Oui ma chérie, c'est bien là que travaille maman.
- Mais alors pourquoi personne ne travaille ? (Eclats de rire de la maman et des collègues)
La petite fille fait la moue car elle a l'impression que les gens se foutent de sa gueule. C'est pourtant une bonne question...
Le contact rugueux d'une main de bucheron sur mon postérieur me fait sursauter. Robert, une coupe de champagne à la main...
- Alors ma caille, on rêvasse ?
- Roro, tu tombes à pic. Je vais avoir besoin de toi.
- Oula, mais t'as l'air toute stressée, détends-toi, quoi... Profite de la fête !
- La fête ? Mon cul sur la commode ! Y'a Georgina qui me cherche pour me travailler au fer à souder, mais c'est pas le pire : Jankulovski a pété un fusible et il m'a confié qu'il a la ferme intention de mettre un sacré merdier !
- Calme-toi vieux, ça va aller, t'es juste un peu fatigué. Allez, viens prendre une coupe de Veuve Cliquot. Avec Charly et Marcel on remet le concours annuel du plus gros buveur de champ'. C'est Farid qui fait le juge-arbitre, il s'en fout il boit pas. Tu te souviens qui détient

le record ? Je te le donne en mille, le seul, l'unique : Bebert ! Quarante-sept coupes de champ' en trois heures en 2006, homologué : record de l'univers ! L'année dernière j'étais encore frais comme un gardon à trente-trois coupes de Veuve Poignet mais ces blaireaux du service comm' avaient prévu des quantités de pucelles et j'ai été coupé dans mon élan par la pénurie... Cette année on s'est assuré qu'il y aurait de quoi rassasier tout un corps d'armée de Polonais : on va voir qui est le meilleur... Bon entre nous, je t'annonce que ça devrait pas être trop dur pour ton Bebert parce que t'as en face de toi le Cristiano Ronaldo de la bitur...
Excédé, je l'interromps :
- Putain Robert, je rigole plus là ! Où est Jankulovski ?
- Euh, j'en sais rien... Détends-toi... Si je le vois j'te fais signe...
A l'autre bout de la salle je remarque Georgina et Amédée, manquait plus qu'eux... Ils me fixent avec autant de sympathie que si j'étais une sorte de synthèse entre Marc Dutroux et le docteur Petiot. Le nain difforme porte une casquette Dingo du meilleur effet qui camoufle en partie ses traits de miraculé de l'éprouvette : bonne idée pour ne pas effrayer les enfants...
Un mime vient se poster en face de Robert et entame sa routine de singeries. Sans attendre, mon gros Roro - visiblement déjà salement amoché- se met à exécuter une danse incroyablement lascive digne de Magloire sous poppers et vient frotter son monstrueux croupion contre le pauvre amuseur qui n'avait jamais vu ça de sa vie. Sans demander son reste, le mime outré se retire en moonwalk vers d'autres contrées plus accueillantes. Bobby lève sa coupe et interpelle le grand Farid de la compta qui se bâfre de petits fours à quelques mètres de là :
- Farid, vingt-trois de réglées !
- OK je note.
Je me casse de là, prenant conscience du fait que c'est pas trop la peine de compter sur l'aide de mon ami oversize aujourd'hui.

Mais où es-tu donc, Janku ? Je suis sûr que tu es dans les parages, le tout est de te débusquer...
Un affreux doute me prend : et si tu t'étais déguisé en clown pour passer inaperçu ? Non, tu n'oserais pas...
J'aperçois Jean-Jacques Mimoll au milieu d'un petit groupe d'enfants. Le docteur lubrique se livre à un spectacle de marionnettes grotesque à l'aide de vieilles peluches -un nounours pelé et un volatile improbable- qu'il a enfilées comme des gants par le trou de balle et qu'il fait s'exprimer d'une voix ridiculement aigue qui trahit sans l'ombre d'un doute sa nature de prédateur sexuel. Le vieux dégueulasse en profite de-ci de-là pour exécuter discrétos des caresses équivoques sur les pauvres bambins : et que je te colle un petit chat-bite impromptu au jeune Enzo, trois ans, ou encore une paluchade furtive à Anaïs, quatre ans...
Mais que font les parents, bordel ?!
Enervé, je m'approche du simulacre de représentation et interpelle le satyre amateur de têtes blondes :
- Ca va comme tu veux Jean-Jacques ? Tu veux que je t'aide ?
Et le voila qui me jette un regard effrayé et qui devient tout rouge avant de partir sans demander son reste.
D'une voix paternelle, je m'adresse aux bambins :
- Attention les enfants : le monsieur avec le nounours et l'oiseau en fait il est pas gentil du tout. Eloignez-vous et allez voir papa et maman s'il s'approche de vous.
Une petite fille, les larmes aux yeux, s'approche de moi et dit d'une voix sanglotante :
- Mais z'veux savoir c'qui s'passe quand Patou l'ourson part acheter des bonbons magiques avec Lulu l'toucan...
Bande de ptits cons ingrats... On se donne du mal pour leur sécurité et ils sont pas foutus de comprendre que c'est pour leur bien. Allez pour la peine j'me casse, faudra pas venir pleurnicher si vous terminez dans la cave de tonton Jean-Jacques. Et là aucun doute : vous les verrez de près, ses bonbons magiques.
Dans moins de vingt minutes, l'Administrateur Général va prendre la parole pour faire une synthèse de l'année écoulée et présenter ses vœux. Pourquoi mon petit doigt

me dit que c'est précisément ce moment que va choisir Janku pour agir ?
Pendant que je me creuse les méninges, Amédée et Georgina se rapprochent de moi peu à peu, en une parodie de manœuvre d'encerclement digne d'un documentaire animalier sur les techniques de chasse des hyènes. Heureusement, il semblerait que Georgina ait décidé de ne pas me bourrer la face en public, ce qui me donne un peu de répit.
Je scrute la salle bondée pour tenter de localiser Janku, toujours sans succès. A l'autre bout du buffet, j'aperçois Bastien Laroquette. Il est tout seul, raide comme un i, et son visage dénué d'expression me fait un effet étrange. Personne ne fait pas attention à lui. Au milieu de la foule il semblerait presque... Invisible...
Je m'approche de lui et l'interpelle :
- Eh Bastien t'aurais pas vu Alain Jankulovski par hasard ?
- Basile, il faut qu'on parle en privé. Suis-moi...
- Quoi ? Mais qu'est-ce que tu racontes, morveux ?
Le voila qui taille la route vers la sortie de la salle. Il a l'air inquiet le blanc-bec. Il doit savoir quelque chose... Il faut que je sache. Néanmoins si je le suis à l'extérieur, je prends le risque de me faire filer par Georgina et Amédée. Un rapide coup d'œil... Ils sont à l'autre bout de la pièce. Allez, je tente ma chance et j'emboite rapidement le pas de Bastien. Nous sortons de la salle des fêtes et le voila qui emprunte un couloir, puis un escalier, puis un autre couloir... Il se gratte la tête, regarde autour de lui d'un air préoccupé, et dit :
- C'est vraiment bizarre, j'ai comme un trou de mémoire. Je n'arrive plus à retrouver mon bureau. Tu ne te souviens pas où il est par hasard ?
- Ben alors mon gars, faut se reprendre, quoi ! On dirait que ça t'a vraiment affecté ton histoire de promotion avortée au ministère. Allez viens, suis le guide...
Il me fait de la peine le gamin, il a l'air complètement groggy. C'est quand même drôle comme les choses changent... Il y a moins de deux heures je ne pouvais pas le saquer et maintenant je le prends en pitié...

Moins d'une minute plus tard nous sommes devant la porte de son bureau et je lui dis :
- Voila, bleu-bite, on est arrivés.
- Ah parfait. Tu peux ouvrir la porte s'il te plait ?
- Ben tu peux pas le faire toi-même ? T'es pas la moitié d'un empoté...
J'ouvre la porte et fais signe à Bastien d'entrer, ce qu'il fait. Je le suis à l'intérieur et... Mais... C'est...
Non, ce n'est pas possible...
Nous sommes dans mon bureau.
Pris de vertiges, infoutu de comprendre ce qui arrive, je m'assieds sur ma chaise.
Bastien est debout, face à moi. Je prends soudain conscience de quelque chose qui -inexplicablement- m'avait complètement échappé jusqu'alors : le môme est mon portrait craché... Enfin avec pas mal d'années en moins quand-même...
Alors que je tente de récupérer mes esprits, Bastien dit :
- Tu commences à comprendre, Basile ?
- Non mon pote, j'entrave que dalle... Mais on dirait bien que moi aussi j'ai besoin de repos...
- Oh mais tu vas l'avoir le repos. Enfin, si tu veux...
- Quoi ?
Il marque une longue pause, puis finit par dire :
- Basile, tu sais bien que t'es pas vraiment dans ton assiette depuis quelques mois...
- Oui, bon, j'ai eu des moments meilleurs, mais où veux-tu en venir ?
- Je veux en venir à un évènement imminent et inéluctable qui te fait peur...
- Mais de quoi tu parles, mon gars ?
- Pourquoi as-tu besoin du sauf-conduit 347C pour partir à Rome ? Je t'ai déjà posé la question hier et tu as refusé de répondre...
- Quoi ? Euh... Parce que mon statut va changer à partir de lundi prochain.
- Ah oui ? Et qu'est ce qui change au juste ?
- Euh, je...
Tiens c'est vrai ça. Qu'est ce qui va changer ? Je sais que la réponse est là, quelque part dans un recoin de mon esprit, mais elle est aussi menaçante que le

monstre caché dans le placard de la chambre d'un enfant et je refuse de la voir en face.
Mais Bastien ne me laisse aucun répit :
- Basile, quel âge as-tu ?
- Boucle-la, tu veux bien ?
- N'élude pas la question s'il te plait.
- Mais tu vas la fermer ?!
- Réponds-moi !
Ca y est, voila que l'envie me reprend de le foutre par la fenêtre. Je lui gueule dessus :
- Mais c'est quoi ton problème, ptit con ? Tu vas me lâcher la grappe, un peu ?
- Non Basile, je vais pas te lâcher. Tu ne peux pas continuer comme ça dans le déni. Tu te fais du mal à toi-même. Si tu continues comme ça tu vas devenir timbré comme Jankulovski. Je veux que tu me dises quel âge tu as.
Je bondis de mon siège, et lui hurle à la figure :
- J'ai cinquante-neuf ans, et demain soir je prends ma retraite. C'est pour ça que je change de statut ce lundi. Ca va, t'es content ? Oui, ducon, je prends ma retraite et pourtant je vais continuer à venir branler le mammouth à l'Institut. Comme Sigismond Martifouette et les autres fantômes. Eux aussi ont tous un sauf-conduit 347C, le papelard qui permet officiellement aux fonctionnaires retraités de faire des déplacements pour le compte de l'Institut !
Il me dévisage d'un air satisfait. Je crois que cette fois je vais vraiment le désosser. Il finit par dire :
- C'est bien Basile, tu acceptes enfin de voir la réalité en face. Tu es sur le bon chemin. Tu vas enfin te débarrasser de ces hallucinations...
- Mes hallucinations ? Mais qu'est ce tu racontes encore ?
- Tu te voiles encore la face... L'autre jour, quand tu as vu la tête de Sigismond se transformer en pudding puis en téloche, c'était pas une hallu, peut-être ?
Merde, comment il sait ça ? Il renchérit :
- Mais attends, c'est pas ça le pire... Je vais me permettre de te poser une autre question : tu as déjà vu quelqu'un m'adresser la parole ?

D'un seul coup, je me sens tout flagada, comme si le sol de dérobait sous mes pieds. Le môme poursuit :
- Et l'autre jour, dans le cloaque, lorsque tu m'as vu disparaitre, ça t'a pas fait tilter ?
Ma vision se trouble. Ecrasé par une horrible pesanteur, je me laisse retomber sur ma chaise. Et Bastien de poursuivre :
- Et ouais mon vieux. Je n'existe que dans ton esprit. Je suis un hologramme. Une projection de toi avec trente-cinq ans de moins au compteur... Tu m'as créé de toutes pièces pour extérioriser tes démons : tes regrets d'avoir fait toute ta carrière dans ce foutu Institut... De t'être enterré dans cet antre de la décadence humaine. Mais l'Institut, tu as beau le détester, c'est toute ta vie, c'est ta chair, ta substance. Alors tu préfères y rester, même si ça suppose de passer de l'autre coté de la barrière et de rejoindre Sigismond Martifouette et les cohortes d'âmes damnées septua-octua-nonagénaires qui hantent ses couloirs jusqu'à y pourrir debout !
Je suis scotché sur place. Ce petit con a raison... Enfin, j'ai raison, devrais-je dire. Il continue son speech :
- Mais maintenant que tu as enfin décidé d'accepter la réalité et de faire face à ta condition, une porte de sortie s'offre à toi. Il s'agit de sauver des vies humaines, Basile. Et pas que des fonctionnaires : il y a des clowns et même des enfants au cas où t'aurais pas fais gaffe ! Jankulovski ne rigole pas, tu le sais. Tu as vu la Faucheuse dans son regard, pas vrai ? Tu l'as vue comme moi !
- Bastien, où est Jankulovski ?
Il me jette un regard atterré avant de me répondre :
- J'en sais rien, grosse buse ! Je suis une projection de ton inconscient, pas Madame Irma ! Maintenant Basile, va à la rencontre de ton destin... Adieu !
Et sans crier gare, il disparait.
Curieusement je me sens revigoré, comme débarrassé d'un énorme poids. Il est temps de retourner aux vœux de l'administrateur général : Janku peut frapper à tout moment...

Lorsque je sors du bureau, je suis sur mes gardes : si Georgina et le nain m'ont suivi et qu'ils me chopent maintenant, c'est la fin. Je dois à tout prix éviter ça.
Heureusement, je parviens à rallier sans encombre la salle des fêtes. La cérémonie des vœux a débuté et Laurent Houtent, notre sympathique et pansu administrateur général, présente les principaux accomplissements de l'Institut au cours de l'année écoulée : « ...Et je suis heureux de vous faire part d'une croissance de 5,1% de l'indicateur organique 25B relatif aux flux croisés d'allocations d'aides aux instances régionales, ce qui démontre que le système de collecte dynamique des recettes mis en place par la direction de l'inter-urbanisme de l'Institut est un succès dont nous pouvons tous être fiers, car il est la concrétisation... »
Vite, le temps presse : je dois localiser Jankulovski de toute urgence... Je joue des coudes pour me frayer un chemin parmi mes collègues qui écoutent studieusement le big boss. A quelques mètres de moi, je vois Robert, ivre mort, une coupe de champagne à la main :
- Fa... Fabrice, heu... Farid... Quarante-trois...
Le con, il est tout vert... Je lui donne pas longtemps avant de poser un bon gros tas de canigou sur le brushing de sa voisine de devant.
Une main boudinée se pose sur mon épaule et le chuchotement d'une voix sulfureuse se fraie un chemin jusqu'à mon oreille :
- Salut mon beau Tarzan, ça te tente qu'on aille s'enfermer dans le local à imprimante pour une petite session bourrage-papier ?
Fricouzoff ! Pitié, pas elle ! Le cauchemar ne s'arrêtera donc jamais ?
Je pose sur elle un regard horrifié :
- Euh, plus tard OK ?
- Aaaah, les hommes... Décidemment...
La voila qui repart. Ouf !
Pendant ce temps, Houtent continue son soliloque lénifiant : « ...Et je tiens également à remercier tous les collègues de la sous-direction juridique méta-départementale qui ont contribué à la mise en place du

décret d'application 14D bis afférent à l'alinéa 12 de la loi du 11 mars 2007 sur la rétro-consolidation des comptes des collectivités territoriales incorporées aux pôles de compétitivité, sans parler de leur participation émérite à la rédaction du rapport Bouvreuil sur le refinancement des caisses de retraite soumises au régime compensatoire... »

Et Janku qui reste introuvable... Je commence à croire qu'il bluffait ou qu'il n'a pas osé mettre son plan à exécution... C'est vrai après tout : et si je me gourais depuis le début ? Et si son sketch c'était du flan ? Ou peut-être s'est-il tout simplement débobiné ?

C'est alors que je remarque la présence de Gratoune. Alors ça pour une surprise... Il est tout seul et jette des regards de bête traquée autour de lui. Il a perdu pratiquement tous ses cheveux et il ne lui reste qu'une éparse toison roussie. Le résultat est digne d'un rescapé de crash d'avion. A vrai dire il a l'air complètement à côté de ses pompes. On peut le comprendre, il a sacrément morflé depuis ce matin : électrocuté par la mère Pompadour, à moitié brûlé vif par l'explosion de sa voiture, et enfin disloqué par un plaquage désintégrant de Robert. Mais qu'est ce qui lui a pris de revenir ? Il devrait être à l'hosto !

Je retraverse la salle pour la énième fois. Je passe en revue tous les clowns. Je regarde sous la table du buffet... Derrière les rideaux... Aucune trace de Janku... Devant moi, une petite fille tire sur les jupons de sa mère et dit :

- Maman, maman, y a un monstre dans la piscine à balles !
- Mais non Victorine, qu'est ce que tu racontes : les monstres n'existent pas. Et ne parle pas si fort, tu empêches les gens d'écouter le discours de monsieur Houtent.

Un monstre dans la piscine à balles ? C'est certainement Amédée qui s'y est mis pour toucher les petits enfants lui aussi. C'est répugnant... Quelle vile créature...

Je jette un coup d'œil circulaire : Amédée est pourtant bien là en train de s'empiffrer une gargantuesque part

de galette des rois. Il est facilement repérable puisqu'il est parfaitement isolé, aucun des invités ne se hasardant à moins de cinq mètres de lui afin d'échapper à ses émanations de gibier agonisant.
Tout d'un coup mon sang se glace : la piscine à balles... Le seul endroit où je n'ai pas cherché...
Au moment précis où je pose mon regard sur la grande cage remplie de sphères multicolores, Jankulovski en surgit en poussant un cri de guerre suraigu. Manque de pot pour lui sa voix a déraillé et du coup c'est complètement raté.
Toute l'assistance médusée se tourne vers lui. Il porte toujours son bandeau japonais et une veste rembourrée... Je suis pris d'un affreux pressentiment... Il se met à hurler de sa voix toujours aussi haut-perchée :
- Tout le monde dans le coin opposé de la salle, c'est une prise d'otages ! Le premier qui fait le malin je vous fais péter mes explosifs à la gueule, c'est compris ?!
Il exhibe un boitier de contrôle dans sa main (le dispositif de mise à feu ?) et ouvre grand sa veste rembourrée, dévoilant quelque chose qui ressemble très fortement à une ceinture de dynamite avec plein de petites lumières rouges qui clignotent.
Dans le public, concert de hurlements et de sanglots...
C'est pas vrai, il n'a pas osé ? S'il ne bluffe pas, ça va bien au-delà des pires scénarios que j'avais envisagés...
L'administrateur général, toujours derrière son micro, tente de le raisonner :
- Allons, allons, monsieur... Heu... Comment vous appelez-vous ?
- Jankulovski, connard ! Alain Jankulovski ! Alors comme ça on reconnait plus ses employés ? Mais pourquoi donc ? Ah mais bien sûr, suis-je bête ! Tu peux pas me reconnaitre puisque j'ai été mis au placard au troisième sous-sol depuis vingt ans ! Sombre tache, descends de ton estrade et va t'asseoir au fond de la salle comme les autres !
- Mais enfin Alain, je pense que nous avons tout intérêt à garder notre calme et à nous comporter en adul...
- Boucle-la ! Tu vas t'asseoir, et plus vite que ça !

Laurent Houtent laisse le micro et s'exécute, faisant signe à tous de lui emboiter le pas. Je suis la meute tout en me maudissant intérieurement de ne pas avoir été capable d'arrêter Janku quand j'en avais l'occasion ce matin. Sans l'autre psychopathe de Georgina j'y serais sans doute parvenu... Je l'aperçois à l'autre bout du buffet. Elle a l'air furax... Peut-être contre elle-même ? Elle ne pourra pas dire que je ne l'avais pas prévenue...
Alors que râles et autres lamentations continuent de fuser dans l'assistance, Janku prend la place de Houtent et s'empare du micro :
- Bon, vos gueules, on s'entend pas. Si ça continue à pleurnicher comme ça je balance une grenade dans le tas, c'est compris ?
Malgré quelques cris de surprise, sa déclaration a le don de calmer tout le monde, à l'exception de quelques enfants en pleine crise de nerf que leurs parents tentent de calmer comme ils le peuvent.
- Bon maintenant je veux que vous lanciez tous vos téléphones portables de l'autre coté de la salle... Allez on jette son téléphone, plus vite que ça bordel ! Celui qui le garde sur lui je le crève comme un rat. Ah, j'oubliais : si je vois les flics débarquer je transforme tout le monde en hachis parmentier humain, OK ?
Encore une salve de sanglots... Autour de moi, les gens assis en tailleur jettent leur portable sans protester.
Une seule personne tourne le dos à Jankulovski : le boss, Palpatine himself. Il fait face au buffet et ne semble pas plus perturbé que ça par les évènements puisqu'il déguste un petit four au velouté de crabe sur lit de caviar d'aubergine, une moue contemplative figée sur ses traits. Mais comment peut-on être aussi détaché dans une telle situation ? Mes respects, chef : je crois que si quelqu'un dans cette maison de fous a découvert le vrai sens de la vie, c'est bien vous...
Un peu plus loin, Robert ne semble pas très préoccupé non plus et bataille dur pour battre son record de descente de champagne. Il torche une énième coupe qu'il balance au milieu de la salle en même temps que son portable, ce qui a le don d'énerver Jankulovski :

- Eh le gros là-bas, t'es prié de pas foutre le bordel, OK ? On n'est pas dans un restaurant grec ici, c'est bien clair ?
- Chuis pas gros... Farid... Quarante-cinq... Hips !
Le con, il a gardé deux bouteilles de Veuve-Cliquot à côté de lui et il se ressert dans la foulée dans une coupe intacte... Consternant.
Jankulovski, toujours sur l'estrade avec le micro, tente de prendre un air solennel et dit :
- Bien, vous vous demandez sans doute qui je suis et accessoirement pourquoi je vous prends tous en otages. Bonne question, merci de l'avoir posée. Et bien figurez-vous que je suis un de vos collègues. Etonnant, non ? Oui, je sais, plus de 95% d'entre vous ignorez mon existence, et pour cause : voila bientôt vingt ans que j'ai été foutu au placard !
Sa voix dérape dans les aigus, comme celle de Gérard Jugnot dans *Le Père Noel est une ordure*. Il marque une pause pour se redonner une contenance puis enchaine :
- Et pourquoi, pourquoi-donc –me demanderez-vous–, me suis-je retrouvé au placard ? Moi qui ai donné ma vie pour la Fonction Publique en délivrant plus de 16880 tableaux au cours de ma carrière... J'en ai la preuve sur le disque dur de mon ordinateur si vous ne me croyez pas ! Et encore, je ne vous parle pas des notes internes ou encore mes multiples contributions aux rapports d'activité annuels, non. Je ne parle que de la quintessence de notre métier de fonctionnaire : les tableaux à double entrée. 16880... Ca laisse rêveur, n'est-ce pas ? Qui peut en dire autant ici ? Allez, levez la main, ne soyez pas timides... Alors ? Haha, pas grand monde on dirait... Alors, c'est QUI le fonctionnaire exemplaire ici, hein ? Monsieur Houtent, répondez : c'est qui le fonctionnaire exemplaire ?
- Heu... C'est vous monsieur Jakubovski.
- Jankulovski, pas Jakubowki, connard ! Allez, tous ensemble : c'est qui le fonctionnaire exemplaire ?
Autour de moi, quelques voix faiblardes se font entendre :
- C'est vous...
Jankulovski hurle comme un putois :

- Plus fort, j'ai pas entendu ! C'est qui ?
- C'est vous !
- Plus fort ! Et tous en chœur !
- C'EST VOUS !
- Voila qui est mieux ! Bon, alors maintenant vous vous demandez sûrement pourquoi un fonctionnaire aussi exemplaire et prolifique que moi a pu terminer dans un placard au troisième sous-sol de notre Institut, pas vrai ? C'est un peu la faute au service des ressources humaines, ce rassemblement de grognasses qui passent plus de temps à pondre des chiards qu'à s'occuper de la carrière du personnel. C'est aussi à cause d'un système sclérosé qui n'est absolument pas structuré pour récompenser le mérite des salariés et qui se fout comme de l'an quarante de savoir si l'un d'entre eux est plus productif que les autres. Et c'est enfin et surtout la faute de l'un d'entre vous ici présent...

Janku marque une nouvelle pause, visiblement satisfait de voir que l'assistance est suspendue à ses lèvres, puis reprend :
- Mesdames et messieurs... Ce triste sire dont je vous parle s'appelle Jean-Pascal Gratoune...

Tout au fond de la salle, Gratoune se recroqueville pour se planquer mais c'est peine perdue : tous les regards sont braquées sur lui. Janku l'interpelle :
- Inutile de te cacher, sombre cloporte, tu crois que je ne t'ai pas vu ? Oh, mais tu as perdu quelques cheveux, qu'est ce qui s'est passé ? C'est le stress de ton travail qui te fait tomber les tifs ? Tu ne devrais pas te mettre dans des états pareils c'est mauvais pour ta santé...

A quelques pas de moi, Imhotep récite en boucle des *Ave Maria*, c'est vraiment pénible. Que ne donnerai-je point pour la cartonner avec une mitrailleuse gatling à l'uranium appauvri ?

Janku poursuit son speech en prenant la foule à parti :
- Et bien oui, messieurs-dames : vous avez devant vous le principal responsable de ma mise à l'écart : celui qui par son harcèlement incessant à mon égard a provoqué ma descente aux enfers et ma mort socioprofessionnelle. Il m'a traité comme un chien pendant de nombreuses années et voila le résultat :

c'est grâce à lui si vous êtes tous là comme des cons face à moi et à ma ceinture d'explosifs. Vous pouvez remercier ce triste personnage...
Murmures dans la salle. Gratoune –dont la réputation dans l'Institut n'est déjà pas au top– se voit gratifier de quelques noms d'oiseaux par ses voisins.
Janku semble se détendre un peu. Il est visiblement ravi de voir qu'une partie de la colère des otages se reporte sur Gratoune. Allez mon petit Basile, courage : comme personne ne semble vouloir prendre les choses en main, c'est encore toi qui va devoir monter au front.
J'appelle Janku :
- Alain !
- Quoi ? Qui parle ? Ah, mais c'est mon ami Basile Moreau, l'une des rares personnes qui ait un peu de tripes dans cette boite à cons. Comment as-tu fait pour te libérer de tes liens tout à l'heure ? Tu ne serais pas de la famille à Houdini ? Vas-y, parle mais sois bref : j'ai pas que ça à foutre.
- Alain, je comprends que vous soyez révolté après tout ce qui vous est arrivé. Je n'ai pas à vous juger là-dessus. Je n'ai qu'une seule demande : libérez les enfants et leurs parents, vous avez déjà assez d'otages comme ça !
Il part dans un rire hystérique puis dit :
- Mon cul ! Tous les enfants restent pour le moment : il y a un petit spectacle que j'ai préparé rien que pour eux. Ce serait dommage qu'ils ratent ça, tu trouves pas ? Toi aussi ça va te plaire, tu vas voir : c'est à crever !
Il se tourne vers Gratoune et hurle :
- Toi, la larve ! Viens par là. T'approche pas à moins de cinq mètres de moi ou sinon je nous métamorphose tous en corned beef. Voila, c'est bien. Bon déjà tu vas me rendre un petit service : tu fermes tous les rideaux, et au pas de course : j'ai pas envie de me faire dézinguer par un snipère.
Gratoune, plus livide que jamais, s'exécute. Il me fait penser à une version géante de Golum, dans *Le seigneur des anneaux*. Une fois tous les rideaux tirés, Janku dit :

- Voila, ben tu vois, quand tu veux... C'est un bon toutou, ça ! Bon maintenant tu retires toutes tes fringues, y compris ton slip, et tu te mets à quatre pattes au centre de la pièce...
Oh non, pas ça... Y a des enfants, nom de dieu... Il a complètement perdu la boule. La scène mythique –et un brin perturbante– du film *Délivrance* me revient douloureusement à l'esprit : « fais l'cochon, fais l'cochon ! »
Pitié, tout sauf ça...
Malgré tout, Gratoune ne se fait pas prier pour se désaper. Pire : il agit mécaniquement, comme un zombie. Après tout ce qui lui est arrivé ce matin, on dirait bien que cette mise au pilori a eu définitivement raison de ses dernières parcelles de volonté.
En moins de trente secondes, le voila en costume d'Adam. Mais qu'est ce qu'il est maigre ! A la vue de ce grand être filiforme au regard vide, nu comme un ver, je ne peux m'empêcher de me remémorer les heures les plus sombres de l'histoire du 20ème siècle...
Et le voila qui se met à quatre pattes sans rechigner...
Janku jubile :
- Ooooh, mais qu'est ce qu'il est obéissant. C'est un bon chienchien ça ! Maintenant aboie !
- Ouah, ouah.
- PLUS FORT, J'ENTENDS RIEN !
- OUAH, OUAH !
- Voila c'est mieux. Mais finalement j'ai pas très envie qu'on joue au chienchien. On va plutôt jouer aux petits chevaux. Les enfants, vous aimez les petits chevaux ?
Pas de réponse.
- LES ENFANTS, VOUS AIMEZ LES PETITS CHEVAUX, OUI OU CHIOTTE ?
Quelques enfants bredouillent des « oui » apeurés.
Janku dit alors :
- Aaaah, mais ça tombe très bien parce que voila justement un cheval sous vos yeux ébahis. Bon, certes, il est tout pourri comme cheval : il est blanc comme un cul et musclé comme un squelette, mais bon on va pas faire la fine bouche, hein ? C'est toujours mieux que pas de cheval du tout... Ooooh mais suis-je bête : il lui

manque quelque chose à ce cheval. Mais qu'est ce qui peut bien lui manquer ? Un ca... Un caca... Un ca-va-lier ! Kikiveut faire de l'équitation ?
Autour de moi, tout le monde regarde par terre...
- Hum, pas beaucoup de candidats... Je vais devoir trouver un volontaire désigné d'office. Il est où le lutin merdeux ? Amédée, sors de ta cachette !
Amédée émerge de sous la table du buffet, où il avait trouvé refuge, et bafouille :
- Nié, kess'tuveux ?
- Ah, te voila Amédée. Bonne nouvelle : c'est toi qui a été tiré au sort pour faire du cheval, tu es content ?
A l'autre bout de la salle, Georgina explose :
- Pauvre connard, pourquoi tu fais ça à Amédée, lui qui t'apporte les croissants tous les matins depuis qu'il est arrivé à l'Institut ! Il t'a toujours bien aimé et toi tu l'humilies comme ça ? Mais qu'est ce qui va pas chez toi, espèce de malade !?
- Ben justement : parlons-en des croissants du matin ! Ca fait des lustres que je dois supporter le fumet imbitable de ton fétus ambulant quand il débarque avec ses croissants Leader Price dans mon bureau ! Tous les matins pendant des décennies j'ai dû endurer ses relents de fosse septique, tu piges ? Et la seule fois où j'ai osé lui dire que je voulais pas de ses croissants, cette petite balance est allée moufeter dans tes jupons. Tu te souviens de ce que tu m'as fait ensuite ? Tu veux que je te rafraichisse la mémoire ? T'as débarqué dans mon bureau comme une furie avec la demi-portion fécale et tu m'as forcé à m'enfiler les douze croissants. T'avais oublié ça, madame Demis Roussos ? Alors maintenant t'es gentille mais tu la boucles toi aussi et tu admires le spectacle.
- Pauv'taré, tu t'en tireras pas comme ça !
Amédée coupe court au débat :
- Bah moi jemm' bien fair du pti ch'val !
Janku le considère d'un air à mi-chemin entre la surprise et le mépris pur, puis dit :
- Ah ben tu vois Georgina, y a pas débat : ton mollusque apprivoisé a toujours rêvé de faire une carrière de jockey. Allez, en selle !

Du haut de son mètre-quinze, Amédée clopine pathétiquement vers Gratoune, toujours à quatre pattes. Janku sort alors une caméra numérique et dit :
- Allez, je crois qu'il serait de bon aloi d'immortaliser cette scène, qu'en pensez-vous les enfants ? Moteur... Action !
Au milieu de la salle, une scène indicible vient de débuter : Amédée tente de grimper sur Gratoune pour enfourcher sa monture mais la différence de taille entre les deux est bien trop grande. Janku, toujours en train de filmer, dit :
- Un effort le canasson : on se met à plat ventre pour laisser monter le nain... Voila, parfait ! Aaaah, quelle fine équipe ! Pégase et Bellérophon n'ont qu'à bien se tenir, messieurs-dames, voici les nouveaux héros mythologiques des temps modernes : Jean-Pascal et Amédée ! On les applaudit bien fort !
Une salve d'applaudissements peu enthousiastes résonne dans la pièce. Janku se gratte le menton et interpelle de nouveau son auditoire stupéfait :
- Mais il manque encore quelque chose, vous ne trouvez pas ? Mais oui, mais c'est bien sûr... Toi, là-bas avec le singe... Oui, toi : le joueur d'orgue de barbarie. Viens par là, tu vas nous faire un peu de musique : notre chevalier et son fier destrier ont besoin d'un fond sonore digne de leur renommée pour aller pourfendre les terrifiants dragons et secourir les princesses captives de leurs noirs donjons ! Musique, maestro !
Sans broncher, le joueur d'orgue de barbarie au physique de poivrot se lève et part rejoindre son orgue en tenant son petit singe par la main, puis active le mécanisme de l'appareil qui se met à cracher une mélodie ridicule toute droit sortie d'un chapiteau du cirque Pinder.
Janku l'appelle de nouveau :
- Tiens, il est pas mal ton singe, c'est quoi, un ouistiti ? Mets-le sur le dos de l'embryon, qu'on rigole.
Sans protester, le joueur pose délicatement son animal de compagnie sur le dos d'Amédée. Le petit primate semble apeuré et s'accroche au cou du nabot pour ne pas chuter.

Janku a toujours la caméra au poing. Il est visiblement aux anges lorsqu'il dit :
- Aaah, quel majestueux attelage... Quelle noblesse, quelle prestance ! J'en pleurerais presque d'émotion... Bon, maintenant qu'on a de la musique, on va pouvoir entamer la chevauchée fantastique. Allez, hue, le cheval : galope à l'autre bout de la salle... Oh mais... Ca ne va pas du tout ça : il est bien trop lent ce cheval. Il aurait pas oublié le frein à main ? Allez, un autre essai : file comme le vent de l'autre coté, sublime pur-sang...
La scène à laquelle nous assistons va au-delà du surréaliste : un homme nu d'une blancheur cadavérique, de près de deux mètres, chevauché par un nain difforme, lui-même monté par un singe miniature, tente misérablement de se trainer à quatre pattes alors qu'un joueur d'orgue de barbarie amateur de picrate assure le fond sonore. Pendant ce temps, Janku filme le tout, une expression de maniaque figée sur ses traits.
Lorsque Gratoune et Amédée parviennent enfin au mur opposé de la pièce, le preneur d'otages prend un air contrit et dit :
- Non, résolument, ce cheval a oublié de décrocher la caravane... Il va falloir introduire un peu de carotte et de bâton pour le faire galoper plus vite. Enfin, la carotte ce sera pour plus tard. Pour l'instant on va tester le bâton...
Il se met de nouveau à passer en revue les personnes présentes. Son regard s'arrête sur Imhotep, qu'il prend à parti :
- Eh, toi la vieille folingue... Oui, toi, la vioque qui emmerde tout le monde depuis tout à l'heure en récitant des psaumes à la con. Viens par là...
Imhotep prend un air mortifié –ce qui pour elle n'est pas très difficile– et s'exclame en levant les bras au ciel :
- Sainte Marie, mère de dieu, ayez pitié de nous autres, pauvres pécheurs !
- Oui, c'est ça : amen ! Bon maintenant tu gardes tes bondieuseries pour le confessionnal et tu ramènes ton vieux cul derrière la monture : on va faire une petite expérience...

Voila Imhotep qui se lève mollement et qui marche vers Gratoune, sans arrêter de réciter des passages de la Bible.
Janku dit :
- Voila, la fripée, tu restes debout et tu te mets juste derrière le cheval. Ici... Très bien. Alors je t'explique, c'est tout simple : comme ce bourricot refuse d'avancer à plus de un kilomètre heure, tu vas lui botter les fesses très très fort pour qu'il passe la vitesse supérieure, c'est compris ? Allez, on te regarde...
Imhotep regarde alors vers le plafond et adopte une mine tragique avant de crier :
- Oh mon dieu, pardonne-nous nos péchés, je ne veux pas le faire mais c'est pour le bien de tous !
Alors que tout le monde s'attend à ce qu'elle adresse un faible coup de pied sur une partie relativement insensible du corps de Gratoune, la voila qui prend son élan et envoie de toute ses forces un énorme pointu juste en dessous des fesses de Gratoune, pilepoil dans les valseuses qui pendaient par derrière...
Gratoune s'effondre instantanément en hurlant et Amédée, pris par surprise, plante ses ongles de deux centimètres dans son cou pour éviter la chute.
Janku, plié en deux de rire, arrive à articuler :
- Allez va te rasseoir, vieux débris, tu vas me le tuer mon cheval si tu continues comme ça.
Imhotep obéit et retourne à sa place tout en débitant un *Notre père*. Derrière son air affecté de traumatisme et de souffrance, je suis certain de percevoir un rictus de délectation.
Janku reprend :
- Bon allez c'est pas tout ça bourriquet mais il faut se lever maintenant : on a un record de vitesse à battre. Même Mimie Mathy avec des chaussures lestées de trente kilos irait plus vite que toi, t'as pas honte ? Allez avance, merde !
Gratoune se remet à quatre pattes, Amédée toujours à califourchon sur lui en compagnie du petit singe. D'ailleurs, Amédée commence à donner des signes de lassitude. Alors que Gratoune tente de reprendre péniblement sa route, le nain dit :

- Veux descendre, j'en ai marre d'faire du ch'val.
Janku, lui, reste inflexible :
- Ah non le blob, pas question : tu restes en selle pour le moment. Le cours d'équitation n'est pas terminé !
- VEUX DESCEEEEENDRE !
- Hors de question !
Pris de panique, Amédée se met à mordre le cou de Gratoune avec une vigueur inouïe tout en poussant des petits cris perçants de goret blessé. Le malheureux Gratoune hurle de nouveau. Il est à l'agonie... Aucun doute : il aurait mieux fait de rester couché aujourd'hui. Dans un ultime baroud d'honneur, il parvient à se débarrasser du foutriquet carnivore d'un coup de rein. Puis dans la foulée, il se relève et se rue sur la porte de sortie.
Janku crie :
- Gratoune, pauvre cafard, si tu quitte cette pièce je... Je...
Trop tard : en un clin d'œil Gratoune s'est fait la malle... Janku pose calmement la caméra et constate gravement :
- Il est parti... J'aime autant vous dire tout de suite que s'il ne revient pas dans moins d'un quart d'heure, ma tête va se détacher de mon corps et il risque d'y avoir quelques légers dommages collatéraux...
C'est alors que je tente ma chance une deuxième fois :
- Alain, je peux vous le ramener si vous me laissez partir à sa recherche.
Il réfléchit un instant puis dit :
- Bon OK Moreau, tu es le seul en qui j'aie confiance ici. Mais je te préviens : si tu n'es pas revenu avec lui dans un quart d'heure, je paie ma tournée générale de relooking façon Freddy Kruger !
- D'accord mais j'ai une condition : laissez sortir les femmes et les enfants !
Il hésite quelques secondes, ronchonne quelques commentaires à mi-voix pour me faire comprendre que je pousse le bouchon un peu loin, puis finit par dire :
- Bon c'est d'accord : tu pars à la recherche de l'autre pourriture et moi je laisse sortir les femmes et les

mouflets. Maintenant magne toi de filer ce trou du cul avant qu'il ne s'éloigne !
Je me lève, suivi par les femmes et les enfants. C'est toujours ça de pris.
Alors que je suis sur le point de sortir, Janku crie :
- Eh, Amédée ! Tu crois que je t'ai pas vu ? C'est pas joli joli de profiter de ta taille de semi-homme pour essayer de te fondre dans un groupe de moutards... Alors non seulement t'es un avorton, mais en plus t'es un lâche ? Sinistre chose... Allez retourne à ta place. Et toi Georgina, pourquoi tu ne pars pas ?
- J'ai pas peur de toi, Alain. Je reste.
- Comme tu veux, miss muscle. Si tu veux finir en viande hachée c'est ton choix ! Quelqu'un veut un Big Mac avec des poils ? Bon, c'est pas tout ça... Pendant que Moreau part nous chercher l'autre empaffé, je vais en profiter pour mettre la vidéo d'équitation sur youtube avec mon Blackberry. C'est pas formidable la technologie, les enfants ?
Là-dessus je franchis le seuil de la porte.
Pas de Gratoune, merdum ! Mais qu'est ce que j'espérais : qu'il reste bien sagement sur le seuil de la porte ?
Soudain, une idée surgit dans mon esprit. Vite, direction le cloaque... Pourvu qu'elle soit là...
Surtout, ne pas se perdre, ne pas se gourer de couloir... Ascenseur 69, escalier 95D, couloir étroit et obscur, porte arrière... Nous y voila : les loges du personnel de nettoyage. J'entre sans frapper et...
- Bonjour missié, je peux vous aider ?
- Oui : vous savez où est Fatou ?
- Tsssss, z'avez pas de chance missié : Fatou elle vient juste de pawtiw y a pas deux minutes pwésentement...
Machines arrières, toutes : je repars en courant comme si la Mort en personne était à mes trousses. Il faut à tout prix que j'intercepte Fatou, sinon c'est la fin...
Surtout ne pas faire l'erreur de me rendre à la porte principale : depuis le temps je me suis bien rendu compte que le personnel d'entretien doit entrer et sortir du bâtiment par un petit portail annexe, isolé des lieux

fréquentés par les agents de l'Institut. Pourvu que je ne me trompe pas...
Voila le portail... Personne...
Vite, je sors. Je regarde à gauche, puis à droite... Là-bas : je vois un petit postérieur rebondi qui s'éloigne dans une démarche chaloupée. C'est maintenant ou jamais...
Je la rattrape... C'est bien elle !
- Fatou !
Elle se retourne, surprise, et pose sur moi un regard intrigué :
- Ah mais je vous reconnais : vous étiez dans le bureau de monsieur Alain l'autre jour...
- Oui, c'est bien moi... Fatou, il faut à tout prix que vous retourniez à l'Institut avec moi pour parler à Alain : c'est une question de vie ou de mort...
- Quoi ? Mais qu'est ce que tu me racontes là ?
- Venez, je vous expliquerai en route...
Elle me suit à l'intérieur de l'Institut et j'en profite pour lui raconter toute l'histoire. Alors que nous approchons de la grande salle de conférence, elle me demande :
- Mais en quoi est-ce que je peux être utile ?
Je lui explique alors mon plan, qui vaut ce qu'il vaut, c'est-à-dire pas grand-chose, mais qui a le mérite d'exister. Intérieurement je ne peux m'empêcher d'admirer le courage de Fatou qui n'a pas hésité une seconde à me suivre au péril de sa vie. Sacré petit bout de femme !
Je pénètre dans la salle en premier et d'entrée de jeu Janku me gueule dessus :
- Mais alors c'est quoi ce sketch, Moreau ? Il est où Gratoune ?
Il constate alors que je suis avec Fatou et semble accuser le coup :
- Fa... Fatou... Mais qu'est ce que vous faites là ?
- Je suis venue vous dire d'arrêter vos bêtises, monsieur Alain. Je... Je tiens beaucoup à vous et je ne veux pas qu'il vous arrive quelque chose...
Bingo, ça a l'air de marcher. Il devient tout rouge et bredouille :

- Mais Fatou, pourquoi êtes-vous venue ? Je ne veux pas vous mettre en danger... De toute façon quoiqu'il arrive je suis foutu maintenant...
- Mais non monsieur Alain, vous n'êtes pas foutu. Vous n'avez fait de mal à personne pour l'instant. Allez, soyez raisonnable et livrez-vous aux forces de l'ordre... Je suis sûre qu'ils ne vous garderont pas très longtemps en prison et quand vous sortirez, je... Heu... J'irai avec vous au cinéma...

Je prends la parole à mon tour :
- Elle a raison Alain. Si vous déconnez pas, vous vous rendez et on en parle plus. Si vous prenez un avocat décent, vous échapperez même sans doute à la prison ferme (t'as qu'à croire...). Et puis vous l'avez eue votre vengeance contre Gratoune, que demander de plus ?

Fatou se rapproche de lui petit à petit. Plus que deux mètres... Elle dit :
- Allez monsieur Alain, posez le détonateur par terre, tout va bien se passer...

Il semble hésiter. Une larme coule de ses yeux le long de sa joue et il dit :
- Non Fatou, il est trop tard. Si je me rends j'irai en cabane pour longtemps et je ne pourrai pas le supporter. Je dois mourir ici en martyre, dans l'Institut pour lequel j'ai donné ma vie. Maintenant sortez d'ici, s'il vous plaît.

A ce moment, à l'autre bout de la pièce, Robert gueule de toutes ses forces :
- Quarante-huit, Farid ! Quarante-huit coupes ! Chaaaaaaaampion du mooooonde ! On est les champions, on est les champions ! On est, on est, on est, on est les champions, heuarg, on est les champ... BEUAAAAAAAAAAAAAAAAAAAAAAAAAAAAAAAAAAAAAAA AAAAARGLLL!

Le jet de vomi qu'expulse Robert à ce moment précis est un véritable météore, une version bileuse de la comète de Halley qui repeint instantanément toutes les personnes assises devant lui dans un rayon de dix mètres.

Pour moi cette diversion résonne comme une intervention divine. Tous les yeux –y compris ceux de

Janku– sont braqués sur mon gros dégueulasse de Roro et sur le chaos qui règne face à lui. C'est le moment ou jamais...
Sans attendre, je bondis sur Janku –j'aurais envie d'écrire tel le tigre du Bengale, mais arrêtons tout de suite l'autoflagornerie– et je tente de lui extirper des mains le dispositif de mise à feu.
Une lutte acharnée s'ensuit... Nous bataillons durant de longues secondes, chacun essayant furieusement de s'emparer du détonateur. Ca y est j'y suis presque... Je l'ai !
Alors qu'il s'apprête à se jeter sur moi de nouveau pour récupérer l'appareil, Fatou lui saute sur le dos et le fait tomber à la renverse. La tête de Janku heurte lourdement le sol et il perd connaissance.
C'est terminé...
Alors que j'ai encore du mal à réaliser ce que Fatou et moi venons d'accomplir, un tonnerre de houras et d'applaudissements déferle sur nous deux. Des hordes de clowns, de mimes et de fonctionnaires –certains maculés de vomi– nous entourent, nous prennent dans leur bras et nous portent littéralement en triomphe.
Et la voix de Robert résonne, plus forte que les autres :
- On est les champions, on est les champions, on est, on est, on est les champions !

VENDREDI : Epilogue

Nous sommes réunis avec une vingtaine de collègues pour mon pot de départ à la retraite dans l'une des salles de réunion de l'Institut. Toute la dream team est au complet : Robert, le boss, Rain Man, Farid, Jean-Patrick Pignol, et quelques autres triés sur le volet. Pour l'occasion j'ai également invité la valeureuse petite Fatou, sans qui –j'en ai bien peur– Janku serait allé au bout de sa folie.
Entre deux petits fours, le patriarche Sigismond Martifouette me demande :
- Alors Basile, ça y est, c'est la quille ?
- Oui, on dirait bien que mon heure a sonné cette fois.
- Alors, quels sont vos projets ? Vous allez... Poursuivre des activités au sein de l'Institut ?
Je pose un regard attendri sur le vieillard. Au moment où je m'apprête à lui répondre, Françoise fait irruption dans la pièce, et dit :
- Basile, nous avons une visiteuse surprise pour ton pot de départ...
- Ah ?
On ouvre la porte et une grande femme élégante aux cheveux gris fait irruption dans la salle entourée par une bande de pieds nickelés en costard cravate tirés à quatre épingles. Les bras m'en tombent :
- Ma... Madame la ministre...
- Monsieur Moreau, je suis honorée de faire votre connaissance.
- Moi de même, madame la ministre...
- Monsieur Moreau, le préfet de police m'a fait un récit détaillé des évènements d'hier. Il a bien insisté sur le rôle déterminant que vous avez joué dans l'interpellation du forcené. Je voulais vous féliciter solennellement pour votre attitude exemplaire et votre courage. On m'a dit que vous preniez votre retraite aujourd'hui mais permettez-moi de vous dire que si vous partez, le service public perdrait à coup sûr l'un de ses meilleurs éléments. Par conséquent, et pour vous récompenser de vos services émérites, j'aimerais vous proposer de poursuivre des activités au sein de

l'appareil d'Etat en tant qu'attaché honoraire du ministère auprès des ambassades. C'est un poste particulièrement intéressant et convoité qui vous offrira l'opportunité de représenter le ministère au sein de n'importe quelle ambassade de France dans le monde. Bien sûr, vous pourrez changer d'affectation autant de fois que vous le désirerez. Qu'en dites-vous ?
Les larmes me viennent presque aux yeux. Le voila enfin le poste de rêve, celui que j'ai attendu toute ma vie mais qui n'est jamais venu. Voila que le destin m'offre sur un plateau ce que j'ai toujours voulu... Je savoure l'instant, il ne durera pas... Alors, je tourne sept fois ma langue dans ma bouche, puis je prends une grande inspiration et réponds :
- C'est extrêmement généreux de votre part et je ne sais vraiment pas comment vous remercier, madame la ministre, mais je crois que je vais profiter paisiblement de ma retraite. Hier j'ai pris la décision de partir en Inde et d'y faire un très long voyage pour aller à la rencontre de ma nature profonde. Je vous remercie donc infiniment mais je dois décliner votre offre. En revanche, je vous demande solennellement d'offrir un poste à Fatou ici présente. Franchement, c'est elle qui a fait tout le boulot hier, et sans elle je crois que beaucoup d'entre nous ici présents ne seraient plus de ce monde. Permettez-moi d'ajouter que Fatou a fait de bonnes études au Cameroun et que je ne doute pas une seconde qu'elle fera une excellente fonctionnaire. Ah, elle aura aussi besoin de... Heu, de mettre à jour sa situation migratoire.
La ministre considère Fatou un instant puis dit :
- Oui, le préfet m'a aussi parlé des actes de bravoure de la jeune Fatou Sidibé.
Elle se tourne vers son directeur de cabinet –un blond un peu enrobé aux faux airs de Matt Damon– et lui dit :
- Guillaume, assurez-vous que Fatou récupère le poste d'assistante de direction laissé vacant par Monique Landreau. Appelez Brice et dites-lui de la faire régulariser dans les vingt-quatre heures. Fatou, vous commencez lundi.

Incapable de contenir son émotion, Fatou fond en larmes. Robert s'empresse de la réconforter et l'enlace tout en prenant bien soin de lui coller une main sur les seins et l'autre sur les fesses.
La ministre me dit alors :
- Bien, monsieur Moreau, c'est un plaisir de vous avoir rencontré. Dommage, vraiment dommage qu'il n'y ait pas autant d'agents de votre trempe dans la fonction publique : nul doute que la France n'en serait pas là où elle est actuellement...
- Merci madame la ministre. Tout le plaisir est pour moi...
Et là-dessus, elle repart dignement avec toute son escorte.
Voila, c'est l'heure des adieux et des dernières accolades : Palpatine me souhaite bon vent au pays de Bouddha, des éléphants et des maharadjahs. Rain Man me salue avec un signe de la main façon Star Trek, Françoise me fait promettre de lui envoyer des cartes postales, Fatou me serre dans ses bras à m'en faire péter les côtes... Au-revoir, au-revoir à tous.
Robert me dit :
- Allez, j'vais te raccompagner à la porte quand-même... Et puis ça tombe bien parce qu'il faut que je te pose une petite question en privé...
Nous marchons silencieusement jusqu'à la sortie. J'ai un gros pincement au cœur à l'idée de quitter mon vieux pote. Alors que nous arrivons sur le perron de l'immense bâtiment, Roro me demande :
- Qu'est ce qui t'a pris de sauter comme ça sur Janku pour lui arracher des mains le détonateur ? J'étais bourré mais j'ai tout vu, c'était environ trois secondes après que je vomisse... Pourquoi tu as pris ce risque ? C'était complètement inconscient, Basile ! Tu savais que t'avais pas une chance sur mille de l'empêcher d'appuyer sur le bouton et de tout faire péter, alors pourquoi tu l'as fait ? T'es vraiment con ou quoi ?
A quelques mètres de nous, un corbeau se pose et se met à coasser bêtement en notre direction. Je considère

longuement mon vieil ami adipeux avant de lui répondre :
- Non, mon vieux, tu te trompes. J'ai jamais été aussi sûr de moi quand j'ai lui ai sauté dessus : lorsque j'ai vu cette larme couler le long de sa joue, ça m'a sauté aux yeux : j'ai vu tout l'amour de Janku pour Fatou... Et alors j'ai su que tant qu'elle se trouverait près de lui, il ne ferait pas exploser sa bombe... C'est ça l'amour, mon vieux...
- C'est bien ce que je pensais : t'es complètement con...
- Peut-être, gros, peut-être... Bon... Je crois que c'est l'heure des adieux...
- Euh, non...
- Quoi, comment ça ?
- Tu vas rire : officiellement comme tu sais j'en ai encore pour deux ans à tirer avant de prendre ma retraite anticipée à 55 ans, comme j'en ai le droit puisque j'en commencé à travailler tout minot. Mais figure-toi que j'ai presque pas pris de vacances au cours des douze dernières années. Résultat : sur les dix semaines de congés annuels que nous accorde l'Institut j'en ai économisées neuf par an en moyenne depuis douze ans sur mon compte épargne-temps. Tu sais ce que ça veut dire ? Je me retrouve avec deux ans de vacances à poser à partir de lundi ! Moralité : tonton Bébert est à la retraite lui aussi ! Elle est pas belle la vie ? Et comme une bonne nouvelle ne vient jamais seule, je t'annonce que tu auras un compagnon de voyage pour ton périple en Inde ! A nous les bordels de Calcutta, à nous les fumeries d'opium de Bombay et les petites intermittentes du spectacle de Bollywood prêtes à tout pour arrondir leurs fins de mois !
- Robert, merde ! C'est sensé être un voyage spirituel de découverte de soi, pas la grande équipée de la débauche !
- Oh ça va ma couille, détends-toi : le cauchemar est terminé ! Allez, viens : on va acheter les billets d'avion. L'aventure n'attend pas !